나는 왜 너에게 반했을까?

일러두기

◦ 본문의 주 번호는 참고문헌으로 미주 처리했다.
◦ 본문의 주는 편집자 주로 *으로 표기했다.
◦ 92쪽의 이미지 출처는 해당 논문 저자로 표기했음을 밝힌다.
  해당 저작권자가 따로 있다면 연락을 주기 바란다.

〈본 연구는 2020년도 덕성여자대학교 교내연구비 지원에 의해 이루어졌다〉

나는 왜
___너에게 반했을까?

최승원 · 임혜진 지음

홍익출판 미디어그룹

초등학교 때 인기투표를 했던 기억이 있다. 개표시간, 마음을 숨기지 못하는 투명한 아이들의 심장소리가 날것으로 들리는 듯했다. 많은 표를 얻은 아이의 상기된 볼이 입꼬리와 함께 한껏 올라갔다.

어른이 되어서는 다들 자신의 매력에 크게 신경 쓰지 않는 척한다. 하지만 우리는 아주 일상적으로 매력을 어필해야 하는 순간을 마주하곤 한다. 단순하게는 이성에게 고백할 때, 넓게 보자면 원하는 회사에 면접을 보고 회사에서 프레젠테이션을 할 때까지 매력은 계속 시험대에 오르는 것이다.

그만큼 삶에 시시각각 영향을 미치는 것이 매력인데 누구 한 사람 그 매력이 무엇인지, 어디에서 오는 것인지를 가르쳐 주는 사람이 없다. 게다가 매력은 보이지도, 만져지지도 않기에 일상에서 이 단어가 풍기는 이미지는 마치 '어떤 사람이 풍기는 오라와 같은 느낌적인 느낌' 정도로 통한다.

공기는 코로 들이쉬면 느껴지기라도 하고 사랑은 호르몬 변화를 일으켜 신체적으로 느껴지기라도 하지, 매력은 도통 알아차릴 수 있는 채널이 없다.

그래서 어떤 사람은 알음알음 스스로 어떤 순간에 매력적일 수 있는지 깨닫고 터득하는 반면에 어떤 이는 내면에 그득한 매력을 숨겨둔 채 '나는 매력이 없다'고 한탄하기도 한다. 어떤 사람은 몸에 집착하고, 어떤 사람은 돈에 집착하면서 '스스로 자각 하는 매력'은 뒤로 제쳐두고 있다.

이 책은 그런 모두를 위해, 잡히지 않는 '매력'이라는 존재를 심리학을 통해 어떻게 정의하고, 매력이란 것이 어디에서 만들어지며, 어떻게 더 증가시킬 수 있는지 심리학 연구에 근거하여 과학적으로 접근한다.

그리고 가상의 상담 사례를 통해 많은 사람들이 의외로 심각하게 고민하고 있는 매력이라는 주제를 다루고 있다. 이 책이 매력을 하찮지 않은 인생의 주제로 꺼내어 고민할 수 있는 계기가 되기를 바란다. 그리고 나의 매력을 내가 발견하고 알릴 수 있도록, 그렇게 나의 몸과 마음에 더 자비로운 너와 내가 되기를, 그런 우리가 되기를 바란다.

임 혜 진

1장

매력도___
유전이
되나요?

1.
진짜 문제는 외모가 아니다

매력은
생존을 위한 키워드

그는 오늘도 옷깃을 높이 올려 세우고 나타났다. 심리 치료 시간 동안만이라도 자제해 보라고 그렇게 권했지만 아직 용기가 나지 않는 모양이다.

그는 자신의 비대칭적인 턱에 집착하고 있다. 그래서 옷깃을 최대한 높이 세우고 얼굴을 그곳에 깊이 파묻는 방식으로 자신의 턱선 노출을 억제하고 있다.

자신이 여성들에게 인기를 끌지 못하는 이유와 지금까지 계획한 일들이 잘 풀리지 않는 것을 모두 비대칭적인 턱 때문으로 생각한다.

자신은 심각하게 양악 수술을 원하고 있지만 이것만은 꼭 말려야 한다. 왜냐하면 그의 진짜 문제는 비대칭적인 턱선이 아니기 때문이다. 그렇기에 나는 세상에 대칭적인 얼굴은 결코 존재하지 않는다고 입이 닳도록 설득하고 있다.

미의 기준은 사람마다 다르고 나라마다 다르며 시대에 따라서도 상당히 달라져 왔다. 많은 사회과학 문헌들도 사람마다 미의 기준이 각기 다르다며 절대적 미의 존재를 부정하고 있다.[1]

하지만 이런 주장을 그대로 믿어도 되는 것일까? 우리가 다른 나라로 여행을 가서 다른 인종을 만나게 되면 누가 잘생긴 사람인지 단번에 알아볼 수 있을까? 이 물음에 대한 대답은 'Yes'이다. 심지어 100년 전의 세계로 타임머신을 타고 가도 미남미녀를 알아보는 데 큰 어려움이 없을 거라고 확신한다. 매력에는 보편적인 원리가 작용하기 때문이다.

인간의 행동은 단순한 논리로는 이해하기 어려울 때가 많다. 이때 진화심리학은 인간의 본성과 행동 원리에 대한 수수께끼들을 풀어나가는데, 여기에 심리학의 현대적인 원리들을 종합하여 삶의 문제를 과학적으로 해석한다.

이런 진화심리학의 견지에서 바라보는 인간의 매력은 생존을 위한 키워드 그 자체이다. 인간은 여러 가지 기준으로 자기 마음에 드는 짝을 찾았겠지만 결론적으로는 후손을 생산하는 데 성공한 인류의 후손만이 지금 이곳에 남아 있는 것이다. 요컨대 이 환경에 적응해 온 사람들은 자신의 후손을 낳고 기르는 데 가장 적합한 유전자를 찾아낸 존재들이라는 것이다.[2]

이 원리를 여성에 한정시킨다면 그들이 찾아온 배우자의 기준은 태어날 자녀를 생존시키는 일에 최적의 능력을 갖춘 사람이다. 포식자들의 위협에서 비교적 자유로워진 생활이 시작된 것은 인류 전체의 역사에 비하면 너무나 최근의 일이다.

여성은 생존을 위해 건강하고 강인한 사람들을 찾았을 것이다. 건강함을 상징하는 외모를 잘 찾아낸 인간들이 계속해서 이 땅에서 번성해 왔다는 것이다.[3]

얼굴이 대칭이면
모두 매력적일까?

이전에는 어떤 외모를 가져야 건강한 사람으로 취급되었을까? 깨끗하고 부드러운 피부, 맑은 눈동자, 윤기 나는 머리는 질병이 없는 건강한 사람들의 특징이다.

이런 조건을 선택하는 일은 인간의 생존에 필수적이었을 것
이다. 그런 모습은 생존을 위해 자원을 확보하고 이를 지켜낼
수 있는 능력과 관련이 있기 때문이다. 인간 생존에 필수적인
유전자가 그런 외모로 표현되어 있는 것이다.

생존을 위해 건강한 유전자를 가진 사람을 선호하는 경향은
짝을 찾는 일에만 국한되지 않았다. 오랜 세월 집단생활을 해온
인간은 자신의 사회적 동료 역시 이런 조건을 갖추길 원해왔다.

아름다움을 선호하고, 그런 사람을 곁에 두려는 것은 인간의
고귀하고 심미적인 취향으로만 설명할 수 없는 것이다. 이것은
눈물겨운 생존경쟁을 통해 알아낸 생존의 키워드라고 할 수 있다.

나의 환자는 안면 비대칭에 대한 콤플렉스로 사회생활마저
꺼리고 있다. 얼굴이 대칭인 것이 그렇게 중요한 일일까? 대칭
적인 얼굴이 매력의 조건이냐고 한정해서 묻는다면 불행하게도
'Yes'라고 대답하겠다.

심한 비대칭적 얼굴은 아동의 발달 과정에서 불안정한 조건
을 만났기 때문에 발생한다고 한다. 유전자의 돌연변이, 병원균,
독성물질에의 노출 등이 안면 비대칭의 원인이 된다는 것이다.

결국 얼굴에 비대칭이 존재한다면 그것은 발달 단계에서 결함이 발생했다는 증거가 되는 것이다.

실제로 우리는 대칭적인 얼굴을 매력적이라고 평가하는 경향이 있다.[6] 밀리와 그의 동료들은 인위적으로 만들어진 대칭적 얼굴에 사람들이 더 높은 매력 점수를 부여한다는 사실을 확인했다.[7]

이것은 대칭의 정도를 다르게 한 또다른 연구[8] 결과에서도 마찬가지였다. 피험자들은 대칭의 정도가 높아질수록 높은 매력 점수를 부여했던 것이다.

성형은 가장 마지막에 해도 늦지 않다

여기까지 생각에 이르면 마음이 복잡해진다. 나는 환자에게 성형 수술을 권해야 할까? 얼굴의 대칭성을 강화하면 그의 인생은 이제부터 순탄하고 행복해질까?

하지만 대칭은 매력에 절대적인 요소가 아니다. 대칭이 한 사람의 매력을 예측하는 정도는 그다지 강하지 않다는 연구를 주목해야 한다.

인위적으로 만들어진 대칭적인 사진이 높은 매력 점수를 받는 것은 사실이지만, 아직 그 이유가 무엇인지 알아내는 데는 더 많은 연구가 필요하다.

내 개인적인 의견으로는 대칭적인 얼굴의 강점은 인상이 더 부드러워 보인다는 정도지만 이것은 평상시에 좋은 인상을 주기 위한 표정 관리 노력만으로도 상당 부분 보완할 수 있다.

더구나 실제 현실에서의 매력 평가는 정지된 사진을 이용하지 않는다. 우리는 살아 움직이는 상대방의 3D 영상을 통해 그 사람의 매력을 평가한다. 실험은 실험 조건 내에서만 의미를 가진다.

더 근본적인 것을 생각해 봐야 한다. 인간이 매력으로 느끼는 것은 대칭이 주는 심오한 아름다움이 아니라 그 사람의 건강함과 높은 생존력으로 다가올 때이다. 지금 나의 환자에게서 부족한 것은 내 눈에는 잘 인식되지도 않는 턱선의 비대칭이 아니다. 그의 머리끝부터 발끝까지에서 현실에 대한 불안함과 패배감, 그리고 피곤과 우울이 숨길 수 없이 솟아 나온다는 것이다.

양악 수술이 그에게 강인함을 만들어 줄 수 있을까? 그에게는 스스로에 대한 믿음에서 우러나오는 건강한 활력이 느껴지지 않는다는 게 더 큰 문제이다.

주목할 대목이 하나 있다. 로드 연구팀[9]은 자신의 배우자를 고르는 진중한 선택을 할 때, 여성들이 남성들보다 외모에 덜 신경 쓴다는 사실을 발견했다.

확실히 여성들은 많은 것을 본다. 우리 환자는 부분 성형을 통해 이성들의 호감을 끌어낼 수는 없을 것이다. 그의 전반적인 건강함을 끌어내야 하는 것이 내 역할이다. 성형은 가장 마지막에 생각해도 늦지 않다.

20회 가까이 상담을 이어오며 얼굴이 밝아졌던 그는 이번에는 웬일인지 꾸벅 인사를 하더니 떨군 고개를 들지 않았다. 오랜 시간 침묵이 흐른 뒤 어렵게 꺼낸 이야기는 그가 고대하던 동아리 첫 모임에서의 에피소드였다.

"저를 처음 보는 애들은 항상 첫마디가 정해져 있어요. 와, 진짜 말랐다! 앞에서는 아무렇지 않은 척하는데 사실은 진짜 스트레스 받아요. 내가 왜 이렇게 말랐고, 살도 안 찌는지……. 단백질 셰이크를 엄청 먹는데도 살이 안 쪄요. 제가 문제죠, 뭐. 운동한다고 해도 3~4일이면 그만두고, 저도 제가 게으르고 못난 걸 잘 알아요. 유튜브에 보면 진짜 대단하게 노력하는 사람들이 많잖아요? 저는 자격이 없어요. 그런 노력을 하지도 않으니까요.

이런 걸로 상담받을 자격조차 없죠, 사실⋯⋯."

　사춘기 때 시작되는 몸에 대한 고민은 자아상과 이어져 있다.
'나는 너무 말랐다'는 말은 '내가 못난 수백 가지 이유' 중 하나
일 뿐, 살이 찌고 좋은 몸을 갖게 된다 해도 자기가 매력이 없다
는 굳은 믿음이 또 다른 못난 점을 찾아내게 만들고 만다.
　이때는 다른 사람들이 나를 어떻게 볼지 가장 관심이 많은 시
기이며 내가 나를 어떻게 보고 있는지 쉽게 안으로 초점을 돌리
기가 어려울 때다. 나의 가치는 마른 몸 안에 담긴 것 이상이라
는 사실을 깨닫기까지는 엄청난 자존의 노력이 필요하다.

　여태껏 우리가 논한 것은 명확한 기준이 있는 외모의 역할이
었다. 심리학에서 신체적 매력이라고 일컫는 것 말이다. 심리학
에서 매력에 대한 연구들이 대부분 신체적 매력에 대한 주제로
한정되는 것은, 그것이 그나마 측정 가능한 실체가 있는 요소이
기 때문이다.
　그런데 그마저도 성격이 개입하면 얼마든지 달라진다는 것을
알았다. 사람들은 누군가의 매력을 신체적 매력과 그 외 매력으
로 구분 지어 인식하지 않는다.

사실 그럴 수가 없다. 그저 누군가를 만나 '와, 매력 있네, 이 사람!' 하고 느끼는 순간이 있을 뿐이다. 이때 사람들이 느끼는 매력은 사실상 명확하게 연구 대상으로 정의하기는 어렵다. 외모가 얼마나 개입된 결과인지 계산할 수 없으며 그가 세상을 바라보는 시각, 자기 자신을 존중하는 태도, 그로 인해 나오는 어떤 상황에서의 태도와 말과 행동양식 등 수 많은 요인들이 섞여 들어가 있기 때문이다.

　우리는 예쁘고 잘났지만 도무지 매력적이지 않은 사람들 한둘쯤은 알고 있고, 외모는 그리 출중하지 않아도 충분히 매력적인 사람 한둘도 꼭 보아왔다. 그들에게는 외모 말고 어떤 매력이 있는 걸까?

2.
여자는 남자의 무엇에 끌릴까?

**단지 건장한 체격만이
선택의 기준이라면**

그는 오늘도 잔뜩 풀 죽은 얼굴로 치료실에 나타났다. 오후 상담을 잡은 것을 보면 분명 오전 시간 동안 백화점 순례를 마치고 온 게 틀림없다. 그는 두 달째 매일같이 롤렉스 매장에 출근하고 있다. 서울에 있는 모든 매장을 빠짐없이 출근하면서 롤렉스를 대표하는 스포츠 워치인 서브마리너의 주인이 되는 영광을 얻기 위해 고군분투 중이다.

물론 그가 서브마리너의 주인이 된다면 SNS에 부럽다는 댓글들이 도배될 것이고, 며칠 정도는 시계의 그린박스만 봐도 마음이 흐뭇할 것이다. 하지만 그 행복이 얼마나 지속될 수 있을까? 아마도 1,000만 원 남짓의 돈이 줄 수 있는 행복은 그리 길지 않을 것이다.

진화심리학적 관점에서 남성이 여성에게 선택되는 조건은 강인한 생존력이었다. 남성이 종족 보전에서 담당한 역할은 생산이 아닌 방어였다. 자신의 배우자나 자녀를 노리는 포식자와 적대적 외부인들과의 목숨을 건 경쟁에서 가족들을 지켜내야 하는 것이 남성들의 숙명이었다.

자신에게 다가오는 많은 남성 중 이런 방어 능력이 가장 탁월한 배우자를 선택한 여성들은 안정적으로 자신의 유전자를 후대에 남길 수 있었다. 따라서 탁월한 방어 능력을 가진 남성이 누구인지를 확인하는 것은 생존에 매우 중요한 조건이었다.

그런데 매일같이 검투사들의 시합이 벌어지는 것도 아닌 오늘날의 사회에서 뛰어난 방어 능력을 갖춘 사람을 알아보는 것은 쉬운 일이 아니다.

단지 건장한 체격만이 선택 기준이었다면 지금 세상에는 오직 마동석 같은 몸집의 남성들만 가득했을 것이다. 하지만 이 사회에는 부실한 체격임에도 결혼에 성공하는 수많은 남성들이 존재한다. 대체 무엇이 이들의 종족 보전을 돕는 것일까?

이런 현상을 이해하기 위해서는 이스라엘의 생물학자 아모츠 자하비Amotz Zahavi가 1997년에 제시한 '핸디캡 원리handicap principal[1]'를 주목해 볼 필요가 있다.

이것은 생존과 방어에 필요해 보이지 않는, 오히려 핸디캡이 될 것 같은 유기체의 어떤 특성이 이성에게는 능력 있는 배우자의 조건으로 해석될 수도 있다는 주장이다.

이를 구체적으로 이해하기 위해서는 수컷 공작새가 암컷에게는 없는 화려한 깃털을 가지고 있는 이유를 이해해야 한다. 수컷 공작새는 이성을 찾을 때 그 화려한 깃털로 인해 상대방의 시선을 쉽게 독차지할 수 있다.

하지만 동시에 그 화려함은 포식자를 끌어들이는 조건이 된다. 아모츠 자하비는 화려한 깃털을 가지고도 생존하고 있는 수컷의 생존 능력에 주목했다.

남자의 복근 뒤에 숨은
또 다른 상징

이런 핸디캡을 가지고도 여전히 살아 있다는 것은 그 어떤 수컷보다도 환경에 생존할 자질을 넉넉하게 가지고 있다는 신호이다.

실제로 화려한 깃털을 유지하는 일에는 더 많은 영양분이 필요하고 포식자가 나타날 때 이를 미리 탐지하여 도주하거나 맞설 수 있는 능력이 요구된다. 화려한 깃털은 그가 생존에 필요한 자원을 경쟁자들보다 더 여유 있게 가지고 있다는 신호로 작용한다는 것이다.

인간은 신체적 특징에 대한 선호를 통해 적응에 필요한 능력을 가진 이성을 찾아내도록 진화해 왔다.[2] 요즘 매력적인 남성의 상징으로 여겨지는 '복근'을 생각해 보자.

복근은 생존경쟁에서 필수적인 속성이라고 볼 수는 없다. 복근이 단련된 사람이 싸움을 더 잘할 것이라는 근거도 없지만 현대 사회에서의 생존에 전투 능력이 필요한 것은 더더욱 아니다.

하지만 복근은 그 사람에 대한 다른 정보를 함축하고 있다. 바로 다른 남성들이 힘든 하루 일을 마치고 휴식이나 술자리를 찾는 동안 규칙적인 운동과 식단 관리를 해왔다는 증거가 되는 것이다.

그것은 마치 현대 남성이 가진 공작새의 꼬리와 같은 기능을 한다. 잘 만들어진 식스팩은 이 사람이 자기관리에 투자할 만큼의 충분한 시간적, 금전적, 심리적 여유가 있다는 것을 상징한다.

인간은 동물과 달리 신체적 특징 말고도 스스로의 능력을 뽐낼 수 있는 다른 수단도 보유하고 있다. 인간은 옷과 장신구를 가지고 살도록 발전해 왔고, 이 물건이 공작새의 꼬리털 역할을 할 수 있다.

현직 군인의 제복에 달린 여러 개의 훈장들은 이 사람이 주변 남성들과의 경쟁에서 수많은 승리를 해왔음을 상징한다.[3] 많은 남성들이 자신의 사무실에 명문대학의 학위증이나 자격증, 상패 등을 전시하는 것도 유사한 의미를 가진다.

명품보다 자기관리에
더 승산이 있다

강인한 상대를 고르고 싶은 마음은 시대에 따라 변하지 않지만 그 강인함을 상징하는 것들은 시대에 따라 끊임없이 달라져 왔다. 요즘 남성들에게는 훈장이나 학위보다 매력을 발산하는 데 더 강력한 무기가 있다. 바로 명품에 거침없이 질러대는 '플렉스flex' 하기이다. 이 말은 자신의 능력이나 부에 대한 과시, 또는 과시적 소비를 뜻한다.

현대 남성들이 플렉스에 열광하는 것도 결국은 자신의 생존 능력을 과시하기 위해서이다. 신분 차별이 없어진 사회에서 내가 더 강하다는 사실을 보여주는 최선의 방법은 남들이 갖기 어려운 고가의 물건들을 온몸에 두르고 다니면서도 그 소비에 부담을 느끼지 않는다는 여유를 과시하는 것이다.

비싼 자동차와 고가의 시계를 사는 데 전혀 부담을 느끼지 않는 모습은 그가 그런 소비를 하고도 남을 만큼 충분한 자원을 독점하고 있음을 상대에게 전달시킨다. 페라리와 롤렉스는 현대 남성에게 가장 적합한 공작새의 깃털인 셈이다. 힘보다는 돈을 과시하는 것이 매력의 조건이 되는 것이 오늘의 현실이다.

그렇다면 우리 환자는 끝내 서브마리너를 사야 하는 것일까? 롤렉스 서브마리너는 분명 남성들이 동경하는 성공의 상징이긴 하지만 그보다 비싼 시계가 셀 수 없이 많고, 그도 오래지 않아 그것을 알게 될 것이다.

더구나 핸디캡 원리가 적용되기 위해서는 서브마리너 한 개를 힘겹게 마련했다는 인상을 주어서는 안 된다. 소장하고 있는 많은 명품 중의 하나가 롤렉스이고, 다른 시계도 마음만 먹으면 언제든 더 마련할 수 있을 때만 유효한 법칙이다.

일본에는 가진 재산이 페라리 1대뿐인 남성들이 제법 많이 존재한다고 한다. 하지만 그들은 단지 그것뿐, 여성들에게는 전혀 매력적이지 않은 존재로 취급된다고 한다. 그들과 마찬가지로 우리 환자가 가진 경제적 능력으로 플렉스를 통해 이성의 호감을 끌어내는 것은 불가능하다. 서브마리너의 구매는 그에게 오랫동안 큰 부담으로 남을 것이다.

　나는 그를 말려야 할 것이다. 지금 그가 가진 자원을 고려할 때 투자해야 할 부분은 오히려 자신의 몸을 가꾸는 것이다. 멋진 복근을 만들어 이성에게 자기관리를 잘하는 남성으로 어필하는 것이 훨씬 승산 있는 싸움이다.

3.
예쁘다는 기준의 모호함

자신은 모르는
자신의 진짜 매력

"사람들은 제가 이런 고민하는 줄 꿈에도 모를 거예요. 항상 밝고, 세상 물정 모르는 부잣집 막내딸 같대요. 그런데 저희 집은 진짜 찢어지게 가난하거든요. 대학은 운 좋게 제 수준보다 좋은 데 들어간 거고요. 다들 직업도 좋다고 칭찬하는데, 늘 저에게 맞는 옷을 입은 것 같지가 않아요. 예쁘다는 말을 듣는 것도 그래요. 글쎄요, 진심일까요? 다들 인사치레로 하는 말이잖아요. 저는 단 한 번도 제가 사랑스러운 적이 없었는데 누가 저를 그렇게 보겠어요."

신체적 매력으로 친다면야 미의 기준에 딱 들어맞는다고 할 수 있는 그녀가 자신을 매력이 없다고 말한다. 10회가 넘도록 진행되는 상담마다 매번 눈물을 쏟아 상담이 끝날 때 즈음엔 큰 눈이 발개진 채 돌아선다.

상담실 밖에서는 얼마나 괴리된 가면을 쓰고 힘들어할지 너무 마음이 아리다. 그녀는 자신이 이중인격 같다고 말했다. 자기 안의 부정적인 감정과 생각을 들키지나 않을까 불안해하다 이윽고 터놓은 곳은 상담실 외에 6년 가까이 사귀어 온 연인이 유일했다.

그러나 그 대나무숲도 그리 안정적이지는 않았다. 연인을 대할 때면 참아온 감정과 생각이 늘 터져 나오듯 범람한다고 했다. 연속되는 감정의 범람이 벅찼던 연인은 결국 그녀를 떠났고, 그녀는 자신의 매력 없음을 지구가 둥글다는 사실보다 더 굳게 믿게 되었다.

신체적 매력이
독이 되지 않게

이제는 더 이상 잘생김을 인정하는 것이 '재수 없는' 모습이 아니게 됐지만, 겸손만이 살길이던 과거에는 누가 봐도 잘생긴 연예인조차 망언을 했던 기록이 인터뷰 자료로 남아 있다. "전 제가 예쁜지 모르겠어요, 제 외모가 마음에 들지 않아요" 같은 말이다.

겸손의 뜻일 수도 있겠지만, 자신의 잘생긴 외모를 마음에 들어 하지 않는 것이 사실인 경우도 종종 있다. 주변에도 자신의 외모에 알 수 없는 불만족을 표현하는 이들을 본 적이 있을 것이다('답정너' 칭찬을 바라고 하는 케이스는 단호하게 제외한다).

사회 기준에 합당한 외모라고 해서 꼭 본인 스스로 만족하리라는 법은 없다. 외모에 대한 만족은 객관적인 신체적 매력, 즉 외모와는 상관 없이 내가 나를 바라보는 시각과 긴밀하게 연결되어 있기 때문이다.

어린 시절부터 매력적인 외모를 타고나 호의적인 대우를 받은 아이는 사람들에게 내가 어떻게 '보여야 하는지' 일찌감치 깨닫게 된다. 어린 나이에 외모로 인해 친구들과 어른의 관심을 받는 것은 자아의식에 영향을 미치고, 외모에 대한 큰 관심을 가지게 하며 타인에게 매력적으로 보이는 것에 더 많은 관심을 쏟게 만든다.[1]

이렇듯 미인은 성장하면서 자연스럽게 높은 '공적 자의식'을 갖추게 된다. 자의식이란 관심의 초점을 자신에게 두고 생각, 감정, 행동, 외모에 주목하는 것을 말한다.[2] 그 중에서도 공적 자의식이란 사회적으로 자신이 어떻게 보이는지 집중하는 경향을 말하며, 자신의 생각과 감정, 내면에 집중하는 사적 자의식과 구분된다.

공적 자의식은 자신이 다른 사람들에게 어떻게 보이는지, 그리고 어떻게 받아들여지는지에 대한 우려와 걱정을 동반하기 때문에 누군가에게 거절당했을 때 유난히 뼈아플 수 있다.

동시에 타인의 시선에 민감한 만큼 사회에서 경험하는 불안도 크다. 학년이 바뀌거나 새로운 모임에 참여해야 할 때, 사람들 앞에 서야 할 때, 능숙하지 못한 모습을 보이는 상황에서 느끼는 불안이 큰 것이다.

물론 이들은 오랜 시간 다른 사람의 시선에 민감하게 반응하며 '어떻게 보여야 매력적인지' 연구해 왔기 때문에 사람들에게는 그런 불안이 쉽게 보이지 않는다. 다만 백조의 다리처럼 내면에서 아등바등 힘쓰고 있을 뿐이다.

그러나 친밀한 관계를 맺기 시작하면 그렇게 안간힘을 버티는 모습을 더 이상 숨길 수만은 없다. '매력적이어야만 한다'는 생각은 '살다보면 항상 매력적일 수는 없다'는 사실을 '난 매력적이지 않아'라는 믿음으로 바꿔버린다. 그리고 매력적이지 않은 나를 사랑하는 대상에게 의구심을 품으며 그를 시험하는 단계로 나아가기도 한다.

아름다운 외모는 칭찬과 인정만 가져다주는 줄 알았는데, 이렇듯 타인의 시선을 신경 써야 하는 부담과 함께 지나치게 커버린 공적 자의식을 안겨다 주며, 원 플러스 원으로 사회 불안이라는 짐도 떠안기는 경우가 있는 것이다.

물론 '미인=과대한 공적 자의식'으로 정의내릴 수는 없다. 적당히 받아들여지는 경험을 하고, 적당히 실패를 경험하며 적당한 자존의 기회를 갖는 경우도 있을 것이다.

중요한 것은 나의 외모가 어떤 방향이든 독이 되지 않아야 한다는 것이다. 지나친 관심으로 인해 '나는 늘 매력적이어야만 한다'는 당위 오류를 저지르는 것은 금물이다.

인간이 늘 완벽하고 성취하며 매력적인 모습일 수 있을까? 어제는 그럴듯하게 꾸미고 일 잘한다고 인정도 좀 받았는데, 오늘 아침 게으르게 늦잠을 자고 부어오른 얼굴로 화장실 거울 앞에 선 나는 영원히 매력적일 수 없는 걸까? 어제는 거짓이었고, 오늘이 진짜 내 모습일까?

단언컨대, 가야 할 장소에 어울리게 차려입고 화장을 하고, 분위기에 맞게 적당히 솔직하지 않으며 적당한 가면을 쓰고 제대로 사회생활을 하는 나의 모습 또한 진짜 나이며, 그때 이룬 성취와 그 때의 철철 넘쳐 보이는 매력도 내 것이다.

그리고 집에 돌아와 아무것도 치우지 않은 채 인정하기 힘든 민낯으로 침대에서 24시간을 보내는 나 또한 내 것이다. 그리고 무엇보다 그 야누스* 같은 자신의 모습을 '와, 심하지만 인간미 넘치네!' 하고 자존해 주는 것이 매력의 진면이다.

그렇게 인정하면서, 민낯으로 집 앞 편의점을 가고 완벽해 보였어야 할 상황에서 실수한 나를 달래주며 오늘은 별 볼 일 없어 보이는 나를 자비롭게 바라봐 주자. 그렇게 공적 자의식을 내려놓아 보자. 내려놓는 만큼 매력은 알아서 찾아올 것이다.

---

* 로마 신화에 나오는 문의 수호신. 두 얼굴을 가진 신으로, 이중적인 사람을 비유할 때 사용되기도 한다.

4.
범죄자 같은 얼굴은 따로 있을까?

예쁜 여자는
처벌받지 않는다

주름진 얼굴에 대충 묶은 머리, 미처 정리하지 못한 손톱의 때, 검푸른 치마를 불안한 듯 만지작거리는 뭉툭한 손가락, 그리고 혼란스러운 눈동자로 재판정 피고인석에 앉아 변호인과 검사의 침 튀기는 입만 번갈아 바라보는 한 여인이 있었다.

이민자 가정의 농부 출신인 그녀는 근래 일어난 남편 살인 사건의 유력한 용의자였다. 빈약한 정황 증거와 어린 아들의 증언에 의존해서 흘러가는 의구심 많은 재판이었지만 그녀 편에 서는 사람은 찾기가 힘들었다. 어쩌면 그녀가 무죄를 선고받기를 누구도 원하지 않는 것 같았다.

사람들은 사건의 진실보다 용의자의 외모에 관심이 많았다. 그녀의 외모에 대한 혐오스러운 표현들이 신문기사 한쪽을 장식했지만 용의자 여성은 상황이 자신에게 얼마나 불리하게 흐르고 있는지 알아채지도 못했다.

반면에 같은 시기에 다른 두 명의 여성 살인 용의자는 전혀 다른 대접을 받았다. 배심원들은 아름다운 두 명의 여성을 용의자가 아니라 이미 남편을 잃은 것으로 죗값을 다 치렀는데도 가혹한 형벌을 받게 될지 모르는 무고한 피해자로 여겼다.

언론은 아름답고 스타일리시한 그 여자들의 재판 과정을 흥미롭게 중계하면서 재판정에 나온 그녀들의 패션과 몸가짐 하나하나를 정성스러운 글로 전달하기에 바빴다. 두 여성은 오락가락하는 증언과 확실한 현장 증거에도 불구하고 배심원들에 의해 무죄 판결을 받았다.

다행스럽게도 꾸밀 줄 몰랐던 투박한 외모의 농부 역시 남편을 살해했다는 누명에서 벗어날 수 있었다. 재판의 흐름을 바꿔놓은 건 다름 아닌 용의자의 'Make Over'였다.

이 말이 '변신'이라는 뜻임을 반증하듯이 당시 유행에 부합하는 새로운 옷과 짙은 갈색으로 염색한 뒤에 세련되게 자른 단발 머리, 매니큐어를 칠한 손톱 같은 것들이 그녀를 구했던 것이다.

언론은 달라진 외모의 그녀를 '나비'라고 불렀다. 대중은 그녀를 살인을 저지르고도 남을 만한 낯설고 혐오스러운 이방인이 아니라 친숙하고 상냥한, 어쩌면 결백할 수도 있는 사람으로 보기 시작했다. 그녀는 스타일 외에 달라진 것이 아무것도 없었는데도 말이다.

이 사건은 1920년 시카고에서 실제로 일어났던 3명의 살인 사건 용의자 이야기이다. 이민자 가정의 농부 출신 여성의 이름은 사벨라 니티Sabella Nitti로, 뮤지컬 〈시카고〉에서 끝내 사형을 당하는 발레리나 역할의 모티브가 된 인물이기도 하다.

눈치를 챈 사람도 있겠지만 나머지 두 명의 여성 용의자는 각각 뮤지컬 〈시카고〉의 주연인 벨마 켈리Velma Kelly와 록시 하트Roxie Hart의 모티브가 된 벨바 게르트너Belva Gaertner와 뷸라 아난Beulah Annan이다.

참고로 뮤지컬 〈시카고〉에서 벨마 켈리는 남편과 여동생의 불륜 현장을 목격하고 두 사람을 살해했고, 록시 하트는 애인이 자신을 속인 것에 분노하여 그의 정부를 살해했다.

뮤지컬 〈시카고〉의 원작인 연극의 작가이자 당시 아름다운 여성 범죄자를 옹호하는 기사를 썼던 〈시카고 트리뷴〉지의 모린 댈러스 왓킨스 Maurine Dallas Watkins 기자는 이런 내용이 큰 인기를 얻어 뮤지컬로 제작되는 상황을 달갑지 않게 여겼다고 한다.

그도 그럴 것이 여성의 외모로 재판에서 유무죄가 가려진다는 것은 드러내 놓고 인정하기 어려운 사실이기 때문이다. 게다가 대중적 영향력을 가진 기자들이 노골적으로 여성의 외모를 중심으로 기사를 써나가며 '예쁜 여자는 처벌받지 않는다'는 암묵적 룰을 공식화했다는 점에서 충분히 비판당할 소지가 있었다.

껍데기에
영향을 받는 우리들

생각해 보자. 이런 사건은 비단 1920년대 시카고에서 있었던 황당한 일화일 뿐일까? 한 실험 결과를 보자.[1]

다양한 매력을 지닌 사람들 96명의 사진을 실험 참여자들에게 하나씩 보여주며 그들 각각이 어떤 범죄를 저질렀는지 적혀 있는 범죄 보고서도 함께 제시했다.

그리고 대상의 신체적 매력 즉 외모가 어떤지, 내가 판사라면 범죄에 대한 형량은 어떻게 내릴 것인지 판단하게 했다(이때 성격이나 경제적 지위에 대한 정보는 영향을 주지 않도록 설계했으며 범죄의 종류, 성별과 인종에 대한 정보도 같은 비율로 무작위로 제시했다).

결과는 어땠을까? 외모와 범죄의 형량은 두 변수 사이에 어느 한쪽이 증가할 때 다른 쪽은 감소하는 음의 상관관계*를 이루었다. 신체적으로 매력적일수록 낮은 형량을 받은 것이다.

실험 결과가 그렇더라도 실제 상황에서는 다르지 않을까? 아마 다르길 바랄 것이다. 연구자들은 이런 결과가 사실로 나타나는지 알아보았다. 다양한 범죄 항목으로 기소된 실제 범죄자들의 신체적 매력을 측정하고 재판에서 최종 선고된 형량과의 관계를 예측해 본 것이다.[2]

실제 형량이 선고되기 전에 여러 실험 참여자에게 평가하도록 한 용의자의 신체적 매력은 이전 실험 결과와 마찬가지로 최종 판결 형량과 음의 상관관계를 보였다. 법정에서조차 껍데기에 간섭을 받는 것이다.

사실 이런 '외모 편향'은 우리들 가까이에서 언제든지 경험할 수 있다. 판사가 자격이 없었거나 배심원들이 무지해서가 아니

---

* 수학에서 두 변수 간 상관계수가 한쪽이 평균보다 크면 한쪽이 평균보다 작을 때 음의 상관관계에 있다고 말한다.

다. 인간은 늘 외모 편향을 경험하고, 그에 따르기를 유혹 당한다.

극악한 범죄 사건이 터지면 생생한 반응을 관찰할 수 있는 포털 사이트에서는 외모 품평의 방식으로 재판이 벌어진다. 최근의 성범죄자들을 떠올려 보자. '역시나 그런 일을 저지를 만한 외모'라는 것에 모두가 동의하는 것처럼 보인다.

언제부턴가 '관상은 과학이다'라는 베스트 댓글이 늘 기사에 따라 붙는다. 그런데 우리는 그런 말에 명확히 반증할 케이스를 충분히 알고 있다.

누구나 인정할 만한 훌륭한 외모의 스타가 일으킨 문제들, 범죄, 거짓말, 그리고 법에 저촉되지 않는 윤리적 문제들까지……. 그런데도 왜 우리는 범죄자는 범죄자답게 생겼을 것이라 예측하며 여전히 그런 말들을 내뱉는 것일까?

차라리 관상이
과학이면 좋겠어

정확히 말하자면 '관상은 과학이다'가 아니라 '관상이 과학이면 좋겠어'가 아닐까? 외모만 보고도 위험한 사람이라는 사실을 알고 싶은 것은 인간의 생존 욕구로, 아주 자연스러운 동물적 본능인 것이다.

팬티 한 장 달랑 걸치고 돌도끼를 든 채 맹수가 가득한 사바나 정글 한복판에 놓였다고 생각해 보자. 풀숲에서 바스락 소리가 나고 낯선 형체가 나에게 다가올 때 등에서는 식은땀이 흐를 것이다.

이때는 꽁지가 빠져라 도망쳐야 할 적인지, 아니면 나를 도와주러 온 아군인지 빠르게 판단할 수 있어야 한다. 그런데 아군인지 적인지 어떻게 판단한단 말인가? 단서는 오로지 '어떻게 생겼느냐'뿐이다.

우리가 살고 있는 세상이 사바나가 아니라도 이 논리는 똑같이 적용된다. 낯선 사람이 나에게 다가왔을 때 나를 해칠 사람인지, 안전한 사람인지 판단해야 한다. 그걸 외모로라도 일단 구분해야 하는 것이다.

그 안전함에 대한 판단, 즉 상대를 신뢰할 것이냐 하는 판단 때문에 외모는 매번 많은 오류를 일으킨다. 미국 텍사스주에 위치한 라이스대학Rice University에서의 실험은 이런 오류를 여실히 보여준다.

이른바 '투자 게임'을 통해 낯선 사람에게 얼마까지 빌려줄 수 있는지를 실험해 보는 것이었는데, 연구자들이 관심을 가진 것은 상대의 외모에 따라 투자 금액이 달라지는가 하는 것이었다.

결과는 흥미로웠다.[3] 매력 있는 사람일수록 더 높은 금액을 빌리는 데 성공한 것이다. 이 실험을 주도한 라이스대학 정치학과 연구팀은 평판을 확인할 수 없는 낯선 사람에게 신뢰를 가져야 하는 상황에서 이른바 '뷰티 프리미엄beauty premium'이 나타난다고 말한다. 이런 현상은 아름다운 외모를 안전한 외모로 해석하기 때문에 일어난다.

그 결과 우리는 세 살배기 시절부터 들었던 '낯선 사람을 믿지 말라'는 엄마의 조언을 매력적인 외모에 홀려서 가볍게 무시하게 되는 것이다. 중국에서 유사하게 설계된 실험에서도 마찬가지로[4] 매력적인 외모를 가진 사람들이 더 신뢰받는 것으로 나타났다. 연구 결과로 내릴 수 있는 합리적인 판단은 범세계적으로 인간은 잘생기고 아름다운 외모를 안전하다고 믿는다는 것이다.

범죄자 같이 생긴
얼굴은 없다

하지만 아름다운 외모가 안전하다는 것은 누구나 알 수 있듯이 착각에 불과하다. 뷰티 프리미엄이 위험한 것은 특히나 범죄자의 얼굴을 단언하는 점에 있다.

우리나라에도 안타깝게도 극악무도한 범죄 사례가 넘쳐나고 있으며 몇몇 범죄자에게는 '사이코패스'라는 타이틀과 함께 그들이 마치 살인자 외모의 전형인 듯 이야기되고 있다.

너무나 일반화된 '사이코패스', '소시오패스'라는 명칭과 개념의 오남용에 대한 우려는 일단 접어두고 논점에 집중하자면, 우리가 기억해야 할 것은 범죄를 저지르기에 충분한 외모란 없다는 사실이다.

오히려 반대 경우가 존재한다. 매력적이거나 믿음직해 보이는 외적 조건을 사용해서 범죄를 저지르는 경우가 많다. 대표적인 사례가 미국의 연쇄살인마 테드 번디Ted bundy이다. 그는 수십 명의 여성을 잔인하게 살해했지만 사람들로부터 살인을 저지를 만한 스타일이 아니라는 비호를 받았고, 놀랍게도 그의 여자 친구는 사형 선고 직전의 그와 결혼을 결심했다.

미국의 법의학 심리학자 캐서린 램스랜드Katherine Ramsland는 많은 이들이 그를 잘생겼다고 여겼으며, 이것이 그의 말도 안 되는 인기 비결 중 하나였다고 말했다.

물론 그가 법대를 나왔다는 사실과 잘 차려입은 옷, 자신감 있는 태도 또한 무시하지 못할 조건들이었다. 이런 모든 조건들까지 더해서 우리가 알 수 있는 사실은 범죄자의 전형은 어디에도 존재하지 않는다는 것이다.

어디까지가
건강한 꾸밈일까?

"다이어트한다고 하면 애들이 탈 코르셋 하라고, 여혐이라고 해요. 제가 다이어트를 하고 싶은 게 저를 위해선지, 다른 사람 시선 때문인지 저는 잘 구분이 안가요. 그냥……, 제가 지금보다 좀 더 나아졌으면 좋겠어요. 저는 이것도 자기계발인 것 같거든요. 그런데 친구들 말을 듣다 보면 화장하는 것도 다 사회적으로 강요된 건가, 하지 말아야 하나 너무 혼란스러워요."

꾸밈 노동과 탈 코르셋, 외모에 대한 강박적 기준에서 벗어나고자 하는 움직임이 있는 이때, 외모에 대해 논하는 것은 자칫 오해를 부를 수 있다. 그러나 꾸며야 하는지, 꾸미지 말아야 하는지는 사실 중요한 논쟁 대상이 아니다. 그저, 자유로워야 할 뿐이다.

친구의 말이나 사회 문화적인 강압, 그 무엇이 되었든 간에 내 욕구를 지나치게 저해해서는 안 된다. 하고 싶으면 일단 하면 된다. 그러나 하는 것이 재미있거나 신나지 않고 힘들면 하지 않아야 한다. 나의 꾸밈 욕구와 동기에 그저 충실하면 된다.

남자든 여자든 간에 꾸미고 싶은 욕구를 일부러 눌러 담을 필요는 없다. 매력에 외모가 관여하는 바는 여전히 크며, 잘 정리된 외관은 후광 효과를 가져온다. 그 이득을 일부러, 강제로, 타의에 의해 포기할 필요는 없다.

다만 강박적으로, 그리고 오로지 타인의 시선으로 인해 꾸밈 노동을 하는 일은 없으면 한다. '그럼 도대체 꾸미라는 거야, 말라는 거야?' 하며 불만이 드는 독자도 있을 것이다.

살을 빼라는 거야, 말라는 거야

우리의 오랜 숙적인 '살'에 대한 이야기부터 시작해 보겠다. 심리학은 오랫동안 자신의 실제 신체상과 꿈꾸는 이상적 신체상의 괴리가 어떤 부작용을 가져오는지 연구했다. 그 결과 자존감 저하, 우울, 불안, 폭식, 섭식 장애 등 수많은 병리와 잘못된 신체상이 관련이 있다는 사실을 알게 되었다.[5]

굳이 연구가 아니더라도 꿈에 그리는 몸을 갖기 위해 다이어 트를 해본 사람이라면 그 과정에서 오는 허기짐과 이어지는 폭 식, 요요를 경험해 보지 않은 자, 단연코 없으리라 생각한다(성공 한 다이어터와 유지어터조차 실패의 경험은 있으리라 믿는다).

잘못된 신체상을 가지고 다이어트를 하는 것이 그렇게나 심 한 부작용을 불러온다면, 그럼 어떻게 해야 한다는 걸까? 긍정 적인 신체 이미지를 가지라는데, 그것은 과연 어떻게 하는 것일 까? 부정적인 신체 이미지는 자연스럽게 만들어진 반면, 그 반 대는 배운 적이 없을 것이다.

외모 고정관념과 차별, 신체 이미지 불만족에 대해 오랜 시간 연구해 온 임상심리학자 토마스 캐시Thomas Cash 는 그의 저서에 서 긍정적인 신체 이미지를 가지기 위해 가장 먼저 '수용'을 권유 했다.[6] 내 몸을 있는 그대로 받아들이는 것부터 시작하는 것이다.

처음 듣는 이에게는 다소 당황스럽고 표면적인 이야기로 들 리겠지만 사실 '수용'은 다양한 영역에서 강력한 효과를 보이는 작업이다(그만큼 어려운 작업이기도 하다).

그런데 오해하지 말아야 한다. '난 돼지야' 같은 부정적인 신 체 이미지를 수용하라는 것이 아니다. 신체는 아름다움을 표현하기 이전에 가장 중요하고 본질적인 기능을 가진다. 그 본질적 기능과 몸의 감각에 집중하여 나의 몸을 오로지 '몸'으로서 수용하는 과정을 거치는 것이 '긍정적 신체상'의 시작인 것이다.

유튜브를 보며 밥을 먹은 뒤 거울 앞에 서서 '아, 오늘 너무 많이 먹었어' 하고 말하는 대신 뭔가를 씹고 삼키는 식사 과정을 느껴보자. 몸이 음식을 소화시킬 때 무슨 역할을 하고 혀끝에서 거쳐 어떤 소화기관을 지나며 어떤 감각을 일으키는지 신경 써서 느껴보는 것이다.

오늘도 의무감에 끌려나온 피트니스 센터에서 '사바아사나 savasana*'의 순간만 기다리며 요가를 하는 게 아니라 발끝을 움직이는 작은 순간조차 온몸의 세포를 깨워 자의로 감각해 보는 것이다. 그리고 거울 앞에 서서 뱃살이 얼마나 나왔는지 체크하는 것이 아니라 잘 기능해 주는 몸에 칭찬도 좀 해주고 감사도 좀 해주는 것이다.

그렇게 잘 기능하고 움직이는 몸을 느끼고 받아들이는 수용의 과정은 미디어가 만들어 낸 허상의 미를 좇는 대신 무엇을 위

---

* 일명 송장자세. 자연스러운 호흡 상태로 심신을 안정시켜 몸과 마음을 쉬게 해 주는 요가 자세이다.

해 우리가 움직이고 운동을 하며 먹어야 할지 알 수 있게 한다.

이처럼 몸의 기능에 초점을 맞추고 수용할 것을 제안한 토마스 캐시는 외모를 가꾸는 행동을 두 가지 카테고리로 분류하였다.[7] 외모에 투자하는 행동이 겉으로 보기에는 같을 수 있으나 그 행동의 원인이 '미적인 가치에 대한 집착'에 의한 것인지, '자연스러운 동기 만족'에 의한 것인지에 따라 구분한 것이다.

사람들에게 어떻게 보이는지 자신의 '룩look'이 곧 자신의 가치를 결정짓는다는 생각은 단연 미적인 가치에 대한 집착과 관련이 있다. 또한 놀랍지 않게도 불안정한 식사 습관, 신체 불만족, 이상적으로 꿈꾸는 몸과 현실의 큰 괴리감과도 관련이 있었다. 그러나 외모에 대한 자연스러운 관심과 동기를 충족시키려는 외모 투자는 자기관리의 수준에서 기능적인 역할을 한다고 보았다.

외모에 따라
나의 가치가 변하지 않는다는 믿음

정리해 보면, 꾸미든 꾸미지 않든 행위는 중요하지 않다. '나'라는 인간의 가치가 견고하다는 믿음이 내 안에 단단히 자리 잡았는지, 그것이 중한 것이다.

여드름 자국이 드러난다고, 벌크업 못한 멸치라고, 사각턱에 두턱이 진 얼굴이 사진에 찍힌다고 해서 나의 가치가 하락했다거나 나의 이미지가 망쳐졌다고 생각하지 않는 순간, 뱃살이 보기 싫어 거울을 치우는 게 아니라 고양이 뱃살만큼 사랑스러워하는 순간, 내가 가진 독특한 눈, 코, 입이 나를 나답게 만드는 매력이라는 것을 인정할 줄 아는 순간 꾸밈은 돌봄이 되고 자존이 되며 매력의 도구가 될 것이다.

5.
예쁜 얼굴로 태어나면 인생이 쉬워질까?

꼭 계란형 얼굴이
아니라도 괜찮다

"그 애는 모든 걸 다 가졌어요. 예쁘기만 한 게 아니라 공부도 잘해요. 애들만 좋아하는 게 아니에요. 선생님들도 그 애 말을 더 주의 깊게 듣는 것 같아요. 말도 잘하고, 착하기까지 하고, 인기가 많을 수밖에 없어요. 그에 비하면 저는……."

한껏 오그라든 어깨를 안쪽으로 말고 고개를 푹 숙인 아이는 교복을 입고 있었다. 이제 중학교 2학년, 나의 애달픈 내담자는 슬픈 표정으로 자신의 인생이 너무 부정적일 것이라고 단정 짓고 있었다.

이유는 외모 때문이었다. 아이는 더 이상 말을 잇지 못했지만 상담자의 눈에는 아이의 적당히 불그스름한 뺨과 햇볕에 그을린 탄력 있는 피부, 그리고 가끔씩 웃을 때 보이는 초승달 눈웃음이 그렇게나 예뻐 보였다. 하지만 절대 칭찬은 하지 않았다. 그런 생각이 조금이라도 전해지면 오히려 화를 낼 테니까. 외모 평가에 관한 이야기는 입에 담지 않으려고 늘 말조심을 하고 있는 터였다.

아이는 항상 '내가 매력이 없기 때문에……'라는 전제를 두고 상황을 해석했다. 조금 기분이 나아지면 자르곤 했던 앞머리가 지금은 코끝에 닿을 듯 눈을 가리고 드리워져 있었다. 나는 줄곧 커튼 같은 앞머리 틈새로 아이의 눈동자를 찾아 헤맸지만 내려앉은 눈꺼풀만 응시하게 될 뿐이었다.

외모에 대한 자신감 부족은 상담의 단골 주제이다. 어떤 이는 '이런 시시한 주제로 제가 상담해도 되는 걸까요?' 하고 묻지만 사실 그 시시한 주제가 대부분의 사람들이 고민하는, 인간이 집단 안에서 생활하며 가장 자주 부딪치는 중요하고도 심오한 문제인 것이다.

외모에 대한 고민은 내담자가 세상과 자신을 바라보는 틀과 아주 꼬장꼬장한 매듭으로 묶여 있다. 나아가 우울, 불안, 공포,

혐오같이 나 스스로에 대해 경험할 수 있는 대부분의 감정과 결부되어 있다.

대부분은 청소년기에 치열하게 자신의 매력에 대한 문제를 고민하다가 점차 현실을 받아들이고 타협점을 찾는다. 건강한 타협점은 '계란형 얼굴의 나'에서 벗어나 꼭 계란형이 아니어도 내 얼굴이 나름 매력이 있다고 생각하는 지점에 이르는 것이다.

물론 이런 건강한 타협점을 찾아내는 사람은 매우 드물다. 정상 체중의 여성들이 '다이어트를 해야 돼!'라는 말을 밥 먹자는 말만큼이나 많이 사용하며 남녀 불문 보디 프로필을 남기는 것이 버킷 리스트에 오르는 문화가 형성된 시대이니 스스로의 외모에 대한 가혹한 기준을 바짝 조이는 것이 어느 정도는 자연스럽고 타당하다.

내 눈에 한 마지기로 보이는 뱃살이라도 마음 한쪽에선 귀여워할 줄 안다면, 입으로 다이어트를 지속하면서도 스스로 매력 있다고 생각할 만큼은 되는 것이다. 그 정도면 괜찮은 타협점이다.

아름다운 외모에 기준이 있다는 사실을 굳이 부인할 필요는 없다. 그러나 그 기준 안에 포함되지 않는다고 해서 인간 자체로 매력 없기를 결심할 필요도 없는 것이다.

외모에 대한 불만이
우울을 부른다

그런데 어느 순간이 오면 누구나 필사적으로 스스로 매력이 있음을 거부할 수밖에 없는 상황에 이르기도 한다. 바로 '우울'이다. 우울함이 치는 방어벽은 참으로 단단해서 '당신은 당신만의 매력이 있어!'라는 밑도 끝도 없이 희망적인 말에 빈틈없이 반박할 수 있는 능력이 생긴다.

이 상태라면 친구들이 '너 예쁘다, 너 잘생겼다' 하고 칭찬할 때 오히려 화가 나기도 한다. 친구들이 말도 안 되는 뻔한 위로의 거짓말을 한다고 생각하기 때문이다.

외모에 대한 불만족은 우울증이 유발하는 위험 요소 중 하나로, 사춘기 시절 자존감에 큰 영향을 미친다.[1, 2, 3] 사춘기에 경험하는 외모에 대한 불만족은 우울증과 강한 연관성을 가지며 매력적인 사람들이 더 성공적이라는 고정관념을 강화시키고 더 나은 외모가 되기 위한 충동으로 인해서 잘못된 다이어트와 성형 수술 남용까지 이어지기도 한다.[4]

하지만 중요한 것은 외모가 기준에 못 미쳤기 때문에 우울한 것이 아니라 스스로 자신의 외모를 어떻게 평가하느냐에 따라 우울함이 따라온다는 사실이다. 연구에 따르면 남들이 보는 객관적인 외모와 상관없이 본인이 자신의 매력을 부정적으로 평가한 사람들이 우울했다.[5] 실제로 어떻게 생겼느냐보다 내가 나를 어떻게 보느냐가 우울을 결정하는 것이다.

예쁘거나 잘생기면
인생이 쉬워질까?

'예쁘거나 잘생기면 인생살이가 쉬워진다'는 말이 있다. 외모에 대해 불만족하는 이들은 이런 고정관념을 더 믿는 경향이 있다. 뛰어난 외모를 보고 신뢰감을 가지는 판단 실수에는 '후광 효과 Halo effect'가 개입된다.

후광 효과는 인간이 대상을 지각할 때 보이는 일종의 '지각 오류'로 긍정적 정보에 의해 전체적 평가에 편향을 일으키는 것을 말한다(물론 부정적 정보에 주목해 전체적 평가를 부정적으로 편향시키는 경우도 일어난다).

외모의 후광 효과는 앞서 소개한 연구에서도 알 수 있듯이 근거 없는 신뢰감을 가져오기도 한다. 이들은 투자 상황에서만 이득을 얻는 것이 아니다. 오랜 시간 심리학에서 연구해 온 '매력적인 외모가 가져가는 이득'은 사실 참담하기만 하다.

외모가 더 많은 수입과 관련 있다는 연구가 있으며,[6] 그들은 더 많은 사람들과 데이트하고[7] 연인과의 관계에서 만족도가 더 높으며[8] 면접에서 채용될 가능성도 높다.[9]

심지어 정치세계에서 선거에 나온 후보자가 대통령이나 국회 의원으로 선택되는 과정에도 외모가 관여한다(그런 점에서 미국 라이스대학에서 '투자 게임' 실험을 주도한 사람이 정치학 교수라는 사실은 전혀 의아한 일이 아니다).

외모가 준수하지 않아도 잘하는 걸 열심히만 하면 인정을 받는다는 위로의 말을 건네고 싶지만, 그럴 수 없어 어쩐지 씁쓸하다. 같은 조건이라면 준수한 외모가 선택받을 수 있다는 결론이 이미 존재하기 때문이다.

인간은
얼굴에 쉽게 속는다

인간은 얼굴에 속는다. 속지 않으려고 애를 쓸 필요는 없다. 차라리 인정하는 것이 마음 편하다. 그저 인간이 저지르는 수많은 지각 오류 중 하나로 얼굴에 의한 판단이 있는 것이다.

물론 후광 효과는 외모에 의해서만 일어나지는 않는다. '미국 아이비리그를 나왔다, SKY를 나왔다, 대기업에 다닌다, 교수님이다, 의사이다' 하는 여러 가지 사실에 우리가 가진 고정관념에 의한 지각 오류가 일어나기 때문이다. 외모에만 속는 게 아니라 수많은 정보들에 의해 속고 있는 것이다.

그러니까 사실 문제는 완벽한 친구라는 존재가 아니다. 나보다 나은 인간은 어디에나 항상 있다. 지구 밖으로 가도 나보다 더 나은 존재를 찾아낼 수 있을 것이다. 부러움을 한 몸에 받는 모든 것을 다 가진 친구는 늘 우리 곁에 있다는 뜻이다.

그러나 후광 효과가 가져오는 비극은 그 완벽한 존재가 아니라 당신이 결정하는 것이다. 오류를 믿을지 말지 결정하는 것은 당신의 자유이기에 그렇다. 당신의 인생을 쉽게 만드는 것은 그 선택에 있을지도 모른다.

뷰티 프리미엄에는
페널티가 있다

좋은 외모에는 반작용도 있다(이 말이 희망적으로 들린다면 조금 쓸쓸하겠지만 대부분 같은 마음이므로 괜찮다). 가령 매력적인 사람이 자신의 매력을 이용해서 성범죄를 저질렀을 때 형량은 오히려 더 늘어난다. 믿었던 도끼에 발등을 찍히면 괘씸죄가 추가되는 것이다.

앞에서 설명한 투자 게임에서는 돈을 빌려주는 결정권자가 매력적인 경우에 결과가 어떨지 또한 실험했었다. 이때 자신이 의도한 만큼 돈을 빌려주지 않는 상대가 매력적이라면 돈을 갚을 때 평균적인 금액보다 적게 갚는 현상이 발견되었다.

이를 연구자들은 '뷰티 페널티beauty penalty'라고 명명했다. 라이스대학의 정치학자 릭 윌슨Rick K. Wison은 이렇게 말했다.

"사람들은 자신의 예상이 무너지면 매력적인 사람일수록 더 큰 벌칙을 주는 현상을 발견했다."

물론 이 또한 지각 오류, 인지 편향에서 비롯된 일이다. "거, 사람 참 그렇게 안 봤는데, 너무하네!"라고 말할 때의 판단은 오로지 판단한 사람의 몫인 것이다.

이 실험으로 볼 때 진정한 승자는 '상대가 갚을 능력이 있는지', 또는 '어떻게 하면 더 많은 돈을 빌릴 수 있을지'에서 이성에 근거한 판단을 내리는 사람일 것이다.

그러니까 외모가 모든 것을 결정한다는 생각이 들 때 우리가 할 일은 정신을 차리는 것이다. 인류의 희망은 후광 효과가 '지각 오류'라는 사실을 기억하고 알아차리는 데에서 온다.

문제는 '완벽하고 완전한 그 친구'가 아니라 불완전하고 오류를 일으키는 인간 시스템일 뿐이다. 오늘도 가끔씩 그의 좋은 점과 나의 최악을 비교하는 당신은 오류를 저지르는 보통의 불완전한 인간이다. 그러니 돈을 빌려줄 때나 낯선 사람을 볼 때 얼굴에 혹한다면 '오늘도 또 오류를 저지르는군!' 하고 생각하자.

외모에 대한 이야기로 시작했지만, 결국 인간의 매력을 논할 때 섹슈얼한 피지컬의 개념에서 벗어날 필요가 있다. 매력은 사회의 기준에 맞춰 외모를 가꾸는 것이 전부가 아니다. 한 사람이 수천수만 가지의 매력 알갱이를 보이지 않는 이야기 주머니 안에 담고 있다.

누군가를 진정 매력 있다고 느낄 때, 우리는 그의 입체적인 면모를 느끼고 수많은 이야기를 축적하며 통합한다. 그렇게 매력의 아우라가 만들어지는 것이다. 결국 외모를 매력적이라고 느끼는 이유가 내면적인 것을 파악하기 위함이라면 내면을 꺼내 보여주려는 노력을 하면 되는 간단한 게임인 것이다.

그러기 위해서는 우선 타인이 나의 외모로 인해 갖는 선입견과 상관없이 '나는 내 가치대로' 행동하는 것이 필요하다. 나부터 나의 외모에 대한 선입견에서 벗어나야 한다. '나는 키가 작으니까 우아하고 카리스마 있어 보일 수는 없어, 나는 왜소하니까 강해 보일 수는 없어, 나는 둥글둥글한 체형이라 사람들이 만만하게 볼 거야…….' 사실도 아닌 나의 주관적이고 부정적인 판단이 머릿속을 채우도록 두지 말자.

피그말리온 효과*처럼, 그 선입견이 나를 그렇게 행동하게 만들고, 결과적으로 타인에게도 그 선입견을 주입하는 형국이 될 테니 말이다.

---

* 자신이 만든 조각상과 사랑에 빠진 피그말리온의 소원대로 조각상이 사람으로 변화되었다는 신화에서 유래했다. 타인의 기대나 관심으로 인하여 결과가 좋아지는 현상을 말한다.

2장

매력적인——
배우자의
조건은?

6.
최고 학력보다 더 멋진 배우자의 조건

예쁜 여자를 만나려면
서울대에 가야 해서요

"선생님, 올해는 수능을 보지 않기로 했어요. 현재 상태로는 서울대를 갈 가능성이 없어요. 조금 더 준비해서 내년에 꼭 합격할 겁니다."

나의 환자는 올해도 대학 진학을 포기한단다. 벌써 4년째다. 이 친구의 나이는 이제 30을 향해 가는데 서울대에 대한 열망은 도무지 가실 줄을 모른다.

그는 서울의 하위권 대학을 1년 남짓 다닌 경험이 있다. 아마도 공부에 전념한다면 그 정도 수준의 학교는 다시 들어갈 수 있을지 모르겠다. 아니 내가 더 간절히 바랄 지경이다. 하지만 이 친구의 생각은 단호하다.

"우리나라가 어떤 나라인지는 선생님도 잘 아시잖아요. 서울 대 안 나오면 사람대접을 받지 못하는 나라잖아요. 제가 지금은 비록 이 병 때문에 죽은 듯이 지내고 있지만 보란 듯이 성공할 거예요. 누구보다 예쁜 여자 친구를 만나려면 서울대에 꼭 가야 해요. 저는 못생긴 여자를 마음이 예쁘다는 거짓말로 만날 생각은 추호도 없어요. 누구나 부러워할 만한 여자 친구를 만날 거예요."

마음에 드는 이성을 배우자로 고른다는 것은 참으로 어려운 일이다. 잘생기고 몸이 좋으면 모든 일이 잘 풀릴 것 같지만 짝을 만나는 일은 그리 간단하지가 않다. 특히 평생을 함께 할 배우자를 만나는 게 자신의 종족을 유지시키는 목적이라면 신경 써야 할 것이 한두 가지가 아니다.

물론 종족을 유지시키기 위해서는 좋은 유전자를 가진 상대를 만나야 한다. 이는 앞에서도 누누이 강조한 문제이다. 우리가 매력적인 외모를 찾는 이유도 좋은 유전자를 가진, 좋은 후손을 생산할 가능성이 높은 배우자를 찾기 위한 수단이다.

하지만 이것이 전부는 아니다. 아이가 태어나면 자동으로 크는 게 아니다. 아이가 태어나서 하나의 독립적인 존재로 살아가기 위해서는 최소한 18년 정도의 양육이 필요하다.

물론 현대의 한국 사회에서는 그보다 10년 이상 양육이 추가되어야 할 수도 있다. 그냥 건강하고 머리가 좋은 아이 하나가 태어난다고 될 일이 아닌 것이다.

종족을 유지시키는 데는 두 가지 선택지가 있다. 하나는 후손을 무조건 많이 남기는 것이다. 어떻게 자라든 상관없이 일단 많은 개체를 확보하면 그 안에서 쓸 만한 후손이 나올 확률이 높아지기 때문이다.

다른 하나는 아이를 조금 낳는 대신 심혈을 기울여 키우는 것이다. 인간이 수렵이나 채집을 하고 사는 상황이라면 전자도 나름 좋은 선택일지 모르지만 지금은 고도의 정보화 사회로, 여기서 필요로 하는 지식과 기술을 익히는데 천문학적인 자금이 투자되어야 한다.

아이를 키우려면 엄청난 돈이 필요하다. 대한민국에서 아이 하나를 대학까지 보내려면 적게 잡아도 4억 이상의 돈이 들어간다고 한다. 돈만 들어가는 것도 아니다. 아이를 키우기 위해서는 많은 시간과 체력, 정성을 투자해야 한다.

맞벌이가 보편화되어 있는 오늘의 상황에서 남편의 육아 참여는 그 어느 때보다 중요해지고 있다. 하룻밤의 즐거움을 위한 상대야 얼마든지 잘생기고 건강한 남자를 선택할 수 있겠지만 장시간의 투자가 필요한 아이 양육을 위해서는 돈이든 정성이든 육아에 필요한 자원을 아낌없이 내어줄 수 있는 배우자가 필수적인 것이다.

여자들이 배우자를 고를 때
제일 중요하게 여기는 것들

현대 사회에서는 건강한 유전자를 가지고 있다는 것의 중요성이 점차 약화되고 있다. 웬만한 질병은 현대의학의 힘으로 해결할 수 있지만 병원 갈 돈이 없다면 이것은 상상하기 어려운 재앙을 초래할 것이다.

이제 현대 여성들은 배우자의 외모보다 더 중요한 매력 포인트를 찾아내야 한다. 배우자는 아이와 아내의 삶에 요구되는 충분한 자원을 가지고 있어야 하기 때문이다.

여기서 자원은 물질적인 면도 있지만 양육을 도울 섬세함과 배려심이 얼마나 있는지도 포함된다. 매력의 판도가 '신체적 매력'에서 '심리사회적 매력'으로 바뀌어 가는 것이다. 물론 생존을 위한 선택이라는 데에는 차이가 없다. 단지 생존에 필요한 최우선 조건이 달라졌을 뿐이다.

미국의 진화심리학자 데이비드 버스David Buss는 기존의 연구 결과들을 종합해 볼 때 여성이 배우자의 조건으로 상대의 자원을 강조하는 경향이 남성에 비해 뚜렷하다는 사실을 확인했다.[1]

심지어 여성들은 물질적 조건뿐만 아니라 그런 성공에 적합할 것으로 예상되는 성격적 특성을 가진 남성들도 선호했다. 이쯤 되면 남성은 얼굴을 보고, 여성은 조건을 본다는 말도 편견이라고만 보기 어렵다.

이성의 호감을 사기 위해 자신이 가진 능력과 자원을 과시하는 남성들의 모습도 이런 생존경쟁의 일환이라고 데이비드 버스는 말한다.[2]

반면에 여성들은 자신의 아이를 위해 장기간 많은 것을 투자해 줄 남자를 만나면 신중하고 정숙한 모습을 어필하려고 노력한다. 태어날 아이가 틀림없이 자신의 아이라는 확신을 주어야 하기 때문이다. 미국 유타대학교University of Utah 인류학과 엘리자베스 캐시단Elizabeth Cashdan 교수는 이러한 노력이 장기간의 투자를 끌어내기 위해 꼭 보여줘야 할 계약 조건일 수 있다고 말했다.[3]

영화 〈어벤져스〉를 보면 상반된 두 캐릭터가 나온다. 누구보다도 힘이 센 헐크와 힘이라곤 오직 과학기술의 능력으로 완성된 아이언맨이다.

적어도 오늘의 관점에서는 토니 스타크_{아이언맨}가 브루스 배너_{헐크}보다 우위에 있다. 불한당에게서 내 여자와 아이를 지키는 것은 중요한 일이지만 그 역할은 이미 경찰이 대신하고 있다. 하지만 가족이 살 편안한 집과 아이의 과외비는 힘으로 해결되지 않는다.

이렇게 말하다 보니 마치 나의 환자가 꼭 서울대에 들어가야 할 것 같은 생각이 들지만, 그것은 옳은 선택이 아니다. 모든 목표는 실현 가능해야 한다. 자신이 성취할 수 있는 것보다 너무 큰 목표를 가지고 사는 것은 야망이 아닌 도피의 다른 모습이다.

나의 환자는 현대 여성이 배우자를 고를 때 중요하게 여기는 자원이 무엇을 의미하는지 다시 한번 고민해 보았으면 한다. 여성들이 결혼을 결심할 때 고려하는 자원은 돈뿐만 아니라 가사와 육아에 적극적으로 동참할 수 있는 마인드도 포함된다. 자신이 그런 사람임을 증명시키는 것이 서울대를 가는 것보다 훨씬 현실적이고 효과적인 배우자 찾기 전략이다.

7.
성격이 중요하지만 얼굴을 먼저 본다

**어떻게 외모가
생존에 관계가 있을까?**

"우리 엄마는 제가 어릴 때부터 남들의 외모 평가를 아무렇지도 않게 하셨어요. 평소엔 무척 좋은 엄마인데 지나가는 사람을 보고 허벅지가 어떻다느니, 그래 가지고 시집은 가겠냐느니, 이런 이야기를 함부로 나누는 걸 보며 제가 알던 분이 아니라는 생각이 들어서 제가 다 죄책감이 드는 거예요.

문제는 제게도 그런 외모 강박이 전해진다는 점이에요. 엄마와는 뭘 먹을 때 기분 좋게 먹은 적이 없어요. '그거 다 먹게? 살쪄!'라는 말이 늘 숟가락에 얹혀 있었어요. 그래서 저도 자연스럽게 늘 다이어트에 목을 매며 제 몸을 한 번도 마음에 들어 한 적이 없는 채로 자라왔어요.

엄마가 저를 칭찬할 때에도 늘 '너는 예쁘니까', '너는 날씬하니까'와 같이 외모 평가적인 말들뿐이었어요. 그래서 저도 모르게 '예쁘고 날씬한 외모가 아니면 사랑받지 못한다'는 생각이 자리 잡게 된 것 같아요.

남자친구에 대해 말할 때도 엄마는 외모가 먼저예요. 키는 크니? 얼굴은 잘생겼니? 그러다 보니 저도 사람을 볼 때 '좋은 사람'인지보다는 '좋은 외모'를 가졌는지를 먼저 보게 되는 것 같아요. 중요한 건 그게 아니라는 걸 잘 알면서도 말이에요……."

아직 사회적인 아름다움의 기준을 배운 적이 없는 갓난아이조차도 외모가 출중하다고 평가된 사진을 보여줄 때 더 많이 웃고, 더 오래 사진을 보려고 한다는 연구 결과가 있다.[1]

다시 말해서 우리는 태어날 때부터 어떤 얼굴이 매력적인지 알고 있다. 애초에 외모에 대한 선입견을 가지고 태어나는 것이다. 학자들은 그것이 생존에 유리하기 때문이라고 한다. 어떻게 아름다움이 생존과 관련이 있을까?

외모의 매력이 주는
프리미엄

사실 잘생긴 외모로 얻는 이득은 분명히 있다. 굳이 외모의 매력이 주는 프리미엄을 부정하거나 아름다운 외모를 추구하려는 경향을 나쁘다고 지탄할 필요는 없다. 아름다움에 대한 추구는 진화 동물의 자연스러운 본성이기 때문이다.

우리 외모는 공작새의 깃털과 같은 역할을 한다. 나를 안전하다고 믿도록, 그래서 성공적인 종족 보전을 가능케 하기 위해 우리는 아름다운 외모를 먼저 본다.

기껏해야 부족 내에서 아는 사람들끼리 안전을 확인하고 종을 보전하면서 살아가던 선조들과는 달리 우리 사회는 점점 더 범세계적으로 연결되어 있고 하루에도 낯선 사람 수십 명을 만난다.

최근 코로나로 인해 화상회의로 매일 나의 얼굴과 상대의 얼굴을 확인하면서 외모가 갖는 정보성은 더욱 늘어났다. 이런 환경에서 빠르게 상대가 나에게 해를 끼치는 사람인지, 혹은 내 종족 보전에 도움을 줄 상대인지 알아채는 것은 생존을 위해 반드시 필요하다.

그래서 우리는 외모를 통해 상대방의 경제적 상황과 건강 상태, 번식 능력과 성격까지 유추하려고 애를 쓴다. 의식적으로는 생각하고 있지 않겠지만 말이다.

간단히 생각해 보자. 소개팅을 할 때 우리는 가장 먼저 상대의 얼굴이 궁금해진다. 외모로 뭔가를 찾아내고 싶은 것이다. 이럴 때 심리학 연구는 우리가 무엇을 찾고 싶어 하는지 알려준다.

아름답다고 인식하는 데 영향을 미치는 많은 조건들 중 일반에게도 가장 많이 알려져 있는 것 중 하나가 '대칭성'이다. 한동안 연예인 한가인 씨의 놀랍도록 대칭적인 얼굴을 증명하는 밈이 인터넷을 지배한 적이 있다.

한 진화심리학자는 사진을 이용해 사람들이 정말 대칭적 얼굴을 매력적이라고 느끼는지 실험을 해보았다.[2] 결과는 당연하게도 대칭성을 맞춘 얼굴이 좋은 평가를 받았다.

재미있는 사실은 어느 얼굴이 대칭적인지 알려주지 않아도 실험 참가자들이 똑같은 선택을 했다는 점이었다. 사람들은 왜 이렇게 대칭적 얼굴을 매력적이라고 느낄까? 그 이유는 얼굴이 대칭적일수록 기생충 감염에 덜 취약하다는 이점이 있기 때문이다.

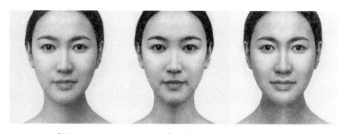

원본　　　　　　　　좌측대칭　　　　　　　　우측대칭

전염성 기생충을 가지고 있으면 후대의 자손에게 유전적으로 물려줄 가능성이 있다. 대칭적 얼굴을 가진 사람은 기생충에 감염될 위험이 적은 건강한 유전자를 가지고 있는 것으로 판단되어 사람들이 대칭적 얼굴을 선호한다는 결론이다.

대칭성의 매력은 몸에도 적용된다. 남성의 신체가 대칭적이면 보통 정자 수가 많고, 정자의 운동 속도도 빠르다. 여성의 가슴 대칭은 다산 가능성과 관련이 있다. 한 연구에서는 얼굴이 비대칭일수록 호흡기 질환 발생 횟수가 높다는 사실을 발견했다.

평균에 가까운 얼굴이
매력적으로 느껴진다

또 한 가지 매력적인 얼굴의 특징으로 '평균성'을 꼽는 학자들도 있었다. 인종의 대표적인 얼굴일수록 매력적으로 느낀다는 것이다. 나 혼자보다는 나를 포함한 주변인 100명을 합친 얼굴이 훨씬 매력적이라는 가설이다.

얼굴이 평균에 가까울수록 매력적이라고 느끼는 이유는 무엇일까? 연구에 따르면 평균적인 얼굴일수록 면역력이 높다고 한다. 뿐만 아니라 사람들은 친숙할수록 좋다고 평가하는 경향이 있다. 사람만이 아닌 단어, 소리, 모양, 이름까지도 이전에 본 적이 있다면 더 긍정적으로 평가하는 것이다.

변한 것은 하나도 없는데 유난히 더 예뻐 보이는 연예인을 떠올려 보자. 연예인이 카메라 마사지를 받은 것이 아니라 내 눈이 마사지 당한 것일지도 모른다. 그런 의미에서 영화배우 베네딕트 컴버배치Benedict Cumberbatch가 연기한 〈셜록Sherlock〉 1편과 마지막 편을 보는 나의 마음가짐은 180도 달랐다.

2차 성징이 나타나면서 두드러지는 성적 특징이 얼굴에 강하게 드러날수록 매력적인 것도 종족 보전의 능력, 그리고 건강한 유전자와 관련이 있다.

성적인 특징이 강한 얼굴은 우리가 흔히 섹시하다고 평가하는 얼굴인데, 이 경우 수많은 맥락에 따라 더 매력 없게 느껴질 가능성도 있다. 우리는 단지 종 보전을 위해 짝짓기를 하기에는 고려해야 할 것들이 너무 많기 때문이다.

애플리케이션 커뮤니티에서 짝을 구하는 경우, 차마 아는 사람에게는 적나라하게 말하지 못했던 이상형의 조건을 세세히 적시하곤 한다. 이상형의 조건에 자주 등장하는 한 가지는 '피부가 좋은 분이면 좋겠다'인데, 이것은 참 의미심장하다.

건강 상태를 알 수 있는 가장 쉬운 방법은 피부를 보는 것이다. 연구자들은 사람들이 맑고 균질한 피부를 매력적으로 평가한다는 사실을 발견했다. 그들의 이상형은 '영양 상태가 좋고, 스트레스를 받지 않는 건강한 분이면 좋겠다'라고 해석해 볼 수 있겠다.

이렇게 해석해 놓고 보니 더 화가 나는 이유는 아마도 스트레스 받지 않고 건강하기가 무척 힘든 일이기 때문일 것이다. 진정하고 정리해 보자면, 이런 모든 사실을 종합할 때 우리가 외모에서 유추하고자 하는 것은(비혼이나 딩크족일지라도) 자손에게 물려줄 좋은 유전자인 것이다.

얼굴을 보면서
성격을 말하는 이유

아무리 진화한 영장류의 일부일 뿐이라지만, 그래도 전두엽이 발달한 인간인데 외모를 보는 이유가 오로지 좋은 유전자를 후대에 남기기 위한 본능뿐일까? 만약 외모만 보고 결혼과 출산을 결정하는 이가 있다면…….

그렇다. 당신이 '얼빠'라면 그 이유는 오로지 양질의 후손을 남기기 위한 결정일 것이다. 그런데 우리가 장기적 관계, 즉 연인이나 배우자를 고른다면 의사 결정 과정이 조금 더 복잡해질 수 있다.

성격은 배우자를 선택하는 데 있어 남녀 모두에게 중요한 요소이다.[3] 그래서 우리는 얼굴을 보지만, 그러면서도 '얼굴은 중요하지 않아요. 성격이 제일 중요해요!'라고 말한다.

이 말이 허언이나 거짓은 결코 아니다. 2차 성징으로 나타난 성적 특성이 강한 얼굴은 특히 여성에게 있어 '배우자 선택'에 매력적이지 않을 수가 있다. 각진 얼굴과 근육질의 몸이 그다지 매력적이지 않을 수 있는 것이다. 그런 모습은 강한 유전자일지는 모르지만 육아에 협력하기 좋은 특성으로 분석되지는 않기 때문이다.

얼굴 사진을 보고 성격을 유추했을 때 어느 정도 정확한 결과를 보였다는 연구도 있다.[4] 따라서 원하는 성격에 따라 선호하는 얼굴이 달라질 수 있다.

강한 남성성테스토스테론과 체력, 지배력을 원한다면 각진 얼굴에 날카로운 눈, 근육질의 남성을 선호할 것이며 육아에 적극적인 가정적인 남편을 원한다면 둥글고 작은 턱과 높은 눈썹, 큰 눈을 선호할 수 있다.[5]

마찬가지로 개인적이고 독립적인 여성을 파트너로 원한다면 둥그스름하고 아이 같은 얼굴보다는 각진 턱과 날카로운 눈매의 외모를 선호할 것이다.

그런데 이것들은 모두 얼굴에서 유추해 낸 것으로, 소개팅을 할 때 사진만 보고 결혼을 결심하지는 않는다는 문제가 있다. 장기적인 데이트를 하는 이유는 서류 합격 후에도 면접이 남았기 때문이다. 데이트는 나의 선입견이 옳은지 정신 차리고 확인할 수 있는 유일한 기회인 것이다.

8.
우리가 매력을 경쟁하는 진짜 이유

young & rich
& pretty

"가끔은 나 정도면 괜찮다고 생각하다가도 한두 번씩은 거울 앞에서 무너지고 말아요. 얼굴에 특별히 못난 곳은 없는데, 그렇다고 특별히 잘난 곳도 없어요. 성형을 한다고 특별히 바뀌지도 않을 것 같지 않은 얼굴이라는 게 더 스트레스예요.

다이어트라도 열심히 하지 않으면 안 되니까 그거라도 해요. 요즘은 부모님 직업이나 재산 같은 것도 인기에 한몫하잖아요? 저는 금수저도 아니고, 그럴듯한 직장에 취업이라도 할 수 있으면 모르겠는데 무슨 일인지 가는 면접마다 떨어져요. '영 앤 리치 앤 프리티'라고 아세요? 저도 그렇게 태어났으면 얼마나 좋을까요, 모든 걸 가진 삶이잖아요."

유튜브에서, 인스타그램에서, 그리고 TV에서 많은 이들에게 워너비로 손꼽히는 사람들을 가리키는 말로 '영 앤 리치 앤 프리티young & rich & pretty'가 있다. 젊고 돈 많고, 예쁘기까지 하다는 말이다.

이 간단한 문장이 매력의 조건을 다 말해준다. 그리고 이 조건은 남녀 모두에게 적용된다. 사실 매력은 외모로만 결정되는 게 아니다. 외모를 제외했을 때 'rich'는 가히 절대적인 매력 요소이다. 돈이 곧 지위이자 현대 사회의 권력이기 때문이다.

경제력은 자손을 양육하기에 충분한 자원 조달이 가능한가에 대한 문제로 사회가 빠르게 변하면서 여성들의 자립적인 권력 쟁취, 즉 경제적 성공이 중요하게 여겨지고 있다. 경제적 성공을 달성하면 혼자 아이를 낳을 수도 있게 된 시대가 아닌가.

과거에 성공한 남자가 미인을 얻는다는 말이 떠돌았다. 언론에서는 심심찮게 그런 사례를 유명인에게 빗대기도 했다. 그런데 미국의 한 사회학자는 흥미로운 주장을 펼쳤다.

첫째, 성공한 남자는 성공한 여자와 짝을 이룬다. 단 이미 70%의 임금 격차가 있기 때문에 성공한 여성이더라도 비등한 교환처럼 보이지 않았을 뿐이다.

둘째, 외모가 멋진 여성은 멋진 외모의 남성과 짝을 이룬다. 다만 평균적으로 여성은 그들의 외모에 더 신경을 쓰기 때문에 항상 더 나아 보인다. 따라서 사람들은 자신에게 없는 것을 상대에게서 구하려 하지 않고 자신과 비슷한 강점을 가진 파트너를 찾는다.[1]

영Young한 것도 매력에서 빠질 수 없는 요소로, 젊음은 남녀 모두에게 높은 출산의 가능성을 상징하기 때문이다. 매력이 있다는 말은 듣기가 참 어렵기도 하다. 리치 앤 프리티는 달성하기 어렵고 거저 얻어지는 젊음마저도 나는 이미 틀렸다. 하지만 역으로, 쉽게 가질 수 없는 것이기에 선망의 대상이 되는 것이다.

사랑의 결핍은 불안을 낳는다

안타까운 것은, 이러한 '영 앤 리치 앤 프리티' 선호가 그렇지 못한 자신의 위치에 대해 고민하게 만들고 결과적으로 불안을 불러온다는 것이다. 불안에 휩싸여 스쿼트라도 하고, 없는 돈에 골

프 라운딩을 나가며 카드빚을 내서라도 오픈 런open run으로 가방을 구한다.

그런 행위 자체는 괜찮지만, 그래도 생각해 보자. 행위의 원인이 매력이 있고자 하는 불안에 있는가를 말이다. 매력이 있고자 하는 욕구는 결국 사회적으로 인정받고자 하는 욕구이다.

인간은 늘 어디서든 좋은 결과를 얻고 싶어 하며 그를 위해 자기표현에 공을 들인다. 우리는 성적 파트너에게만 매력을 인정받고 싶어 하지 않는다. 동료에게, 같은 집단의 사람들에게도 인정을 받고자 한다.

'사람이 다른 매력은 없는데 일은 잘해!'라는 인정이 아니라 '사람 참 괜찮아(여러모로 매력 있는 사람이야)!'라는 인정을 원한다. 또는 SNS의 게시물을 통해 다수의 사람들에게 인정받으려고 한다. 인간은 이런 식으로 다른 사람에게 '나에 대한 긍정적 이미지'를 심어주려고 행동하는 것이다.

인정받고자 하는 욕구는 곧 지위에 대한 욕망이며 불안의 원인이다. 알랭 드 보통Alain de Botton은 저서 《불안Status Anxiety》에서 사랑의 결핍이 불안을 낳는다고 설명했다. 연인에게서의 사랑뿐만 아니라 세상이 주는 사랑에 대한 욕구 또한 강렬하며,

그것을 이루지 못했을 때의 아픔은 고통스럽다고 말했다.

세상이 주는 사랑, 곧 인정의 실패와 지위 획득의 실패는 나의 매력을 돌아보게 한다. 인정의 결핍과 매력이 어떻게 연관 지어지는지, 어느 내담자의 수기를 보자.

나의
외모 흑역사

나는 참 못생겼구나……. 처음 이렇게 생각한 것은 중학교 1학년 때였다. 어린 시절 어딜 가든 외모로 칭찬받던 것에 우쭐해져 있었던 초등학생은 고학년이 되면서 안경을 썼고, 여드름이 나기 시작했다.

외모 흑역사의 클라이맥스는 중학교 입학과 함께 시작되었다. 교육기관의 룰은 세상이 무너져도 따르는 것이라고 믿었던 엄마의 손에 이끌려 정확히 귀밑 3센티미터 단발로 머리를 잘랐다. 인생에서 손꼽을 수 있는 우울한 순간이었다.

거울에 비친 내 모습은 암울하기 짝이 없었다. 수북한 머리숱에 레이어드는 하나도 없는 일자 단발머리. 부스스한 곱슬이기 때문에 더 우스꽝스러운 모습. 거기에 여드름 난 이마와 볼, 도

수 높은 안경까지 마치 '못생김 세트'를 선물 받은 느낌이었다.

교복은 3학년이 될 때까지 입어야 한다는 어머니의 굳은 의지 때문에 몸집보다 두 배는 큰데도 입어야 했다. 월남치마와 아빠의 재킷을 입은 듯한 내 모습이 그렇게 멍청해 보일 수 없었다.

그 완성작은 중학교 입학식 사진에 고스란히 남아 있는데 가뜩이나 두꺼운 입술을 잔뜩 내밀고 있는 내 모습은 지금도 불편한 웃음 버튼이다. 중학교 내내 활화산 같았던 사춘기의 호르몬과 여드름의 폭발이 잦아들고 머리가 조금 자랄 때까지 나는 평탄치 못한 학교생활을 했다.

반에서 예쁜 아이는 주목을 받았고 모임의 중심이 되었다. 더 어렸을 때는 나에게도 이질적이지 않은 대접이었는데, 달라진 내 모습 하나로 학교생활이 이렇게나 바뀔 수 있다는 사실에 꽤나 충격을 받고 자존심도 상했다.

그 무렵 반에서 소위 잘나간다는 아이들 무리가 나를 타깃으로 삼고 정서적 폭력을 가하기 시작했다. 그 무리의 리더는 긴 머리에 교칙을 어긴 펌까지 하고 예쁜 얼굴에 화장을 한 채 쉬는 시간마다 나를 괴롭혔다.

내가 지나갈 때면 어깨에 잔뜩 힘을 주고 부딪쳐 주겠다며 기다렸고, 그들 못지않게 한 성깔 했던 내가 눈을 부라리면 친구들을 모두 불러와 둘러싸고는 '전따_{전교생의 따돌림} 시켜줄까?' 하는 협박을 하곤 했다. 그때 어디 해볼 테면 해봐라 하고 어깃장을 놓았던 내 똥배짱에는 지금도 박수를 보낸다.

상황이 달라지기 시작한 것은 다시 머리가 길어지면서부터였다. 안경 대신 콘택트렌즈를 끼고 몸에 맞는 옷을 찾아 입었다. 꾸밀 줄 알게 되면서 그 무리는 나를 마주치면 '많이 컸다?' 하며 위아래로 흘겨보기는 했지만 괴롭힘에 재미를 잃은 듯 더 이상 내 주변을 둘러싸지는 않았다.

고등학교에 진학하고 나서는 허리까지 내려오는 긴 머리를 한 번도 자르지 않았다. 그러자 다시 많은 친구들이 생겼고, 눈 크고 예쁜 애라는 타이틀로 불리기도 했다. 나는 궁금했다. 나는 정말 '눈 크고 예쁜 애'인가, 아니면 '여드름 난 못생긴 애'인가?

사랑받고, 인정받고, 가치를 승인받기 위해

이 경험이 보편적이지 않을 수 있다. 어쩌면 사춘기의 트라우마로 모든 에피소드를 매력과 외모라는 하나의 도식에 맞춰 해석했을지도 모를 일이다.

그러므로 예쁜 외모, 그렇지 않은 외모가 이분법적으로 나뉘며 무조건 '좋은 외모=집단의 리더', '그렇지 않은 외모=학교 폭력의 대상'이라는 논지는 아니다.

그러나 인간의 가장 원색적인 면모가 드러나는 사춘기 시절 아이들의 집단에서 외모를 비롯한 여러 가지 조건들에 의해 권력이 형성되고 지위가 생기는 일이 아주 희귀한 현상은 아니다.

연구에 의하면 외모, 곧 매력에 대한 욕망은 불안에서 시작된다. 사회적 지위에 대한 불안 말이다. 매력에 대한 부정적인 평가는 멸시, 분노, 배척의 위험을 가져오며 이런 부정적인 위험들을 피하기 위해 사람들은 자신의 매력을 면밀히 모니터링 한다.

사회적 경쟁에서 매력적이지 못하면 나타나는 부정적인 결과는 다음과 같은 것들이다.

첫째, 바람직한 친구 또는 도움받을 사람들을 곁에 둘 가능성이 감소한다. 둘째, 스트레스로부터 방어하는 생리학적 조절이 어려워진다.

연구 결과 스트레스 호르몬, 신경전달물질과 면역체계에 영향을 미치는 생리학적 조절 신호 처리 능력이 떨어진다. 세로토

닌5-HT 시스템 같은 신경전달물질 시스템이 사회적으로 경험하는 신호들에 민감하게 반응하기 때문이다.[2] 그러므로 우리는 '잘 살아남기 위해', 다시 말하자면 사랑받고 인정받고 가치를 승인받기 위해 매력을 경쟁하는 것이다.

9.
자신이 너무 매력이 없다고 믿는 당신에게

남자는 돈,
여자는 외모?

"우리나라 여자들은 구제불능에 속물들이에요. 남자를 오직 경제력으로만 평가하죠. 자기가 열심히 살려는 생각은 전혀 없이 어떻게든 남편 잘 만나서 신분 상승할 생각만 해요.

여자들은 자기가 해도 되는 책임마저 지지 않고, 돈도 전혀 안 쓰면서 남자에게 권리만을 주장하죠. 온통 모든 것을 남자에게 의존하면서도 말은 번드르르해요. 남녀평등의 시대여야 한다나. 정말 역겨운 존재들이에요."

우리 환자분이 화가 많이 났다. 아마도 좋아하던 여성과의 관계가 또 틀어졌나 보다. 그렇게 혐오하는 대상과 왜 사귀려고 하느냐는 질문은 하지 않았다.

나는 임상심리학자로서 충분히 그의 어려움을 이해한다. 더구나 무조건적으로 환자를 이해하고 공감해야 하는 입장이 아닌가. 하지만 뿌리 깊은 여성에 대한 오해와 그보다 더 깊은 뿌리를 가진 스스로에 대한 열등감만은 반드시 내가 감당해야 할 몫이다.

남자는 돈과 권력이고, 여자는 외모라는 말을 안 들어본 사람이 어디 있을까? 최고 인기를 달리던 여성 연예인이 재벌 2세나 잘나가는 전문직의 남성과 결혼한다는 뉴스를 접할 때마다 소주잔을 기울이며 울분을 토하던 찌질한 과거가 없다고 단언할 남자가 있다면 그는 진정 멘탈 갑일 것이다.

남자는 워낙 외모를 중시한다. 남자들 대부분이 큰 눈을 가진 여성에 대해 호감을 표한다는 조사 같은 것은 이미 고전의 반열에 들어섰다.[1]

애초에 소개팅을 나갈 때부터 대뜸 사진부터 보여 달라는 남자들이 흔하고, SNS 뒷조사 등을 통해 필사적으로 사진을 확보하려는 사람들도 많다.

외모 지상주의는 여자도 마찬가지 아니냐고? 상대방에 대한 호감의 판단을 외모에 의존하는 비중은 분명 남자가 여자에 비해 높다는 것이 검증되고 있다. 여성은 이와 대비되게 사회경제적 지위, 야망 등에 대한 의존도가 남성에 비해 높다.[2]

여자에게 이성을 고르는 능력은
생존 그 자체였다

이것은 우리나라 여자들의 정신이 워낙 잘못 되어서라고? 그렇지 않다. 여성이 사회경제적 지위와 남성의 자신감 등을 높이 평가한다는 연구는 북미와 유럽 등에 걸쳐서도 폭넓게 검증되고 있다.

19세기 이야기가 아니고 지난 50년간에 걸쳐 현재까지 지속적으로 같은 결과가 보고되고 있으니 이는 절대 우리나라 여성에 국한된 문제가 아니다. 그리고 사실 외모지상주의는 순수하고, 상대방이 노력으로 얻어낸 재산과 지위를 높이 평가하는 것은 속물이라는 일부 남자들의 논리 자체도 좀 구차하다.

물론 이런 현상에 대해 심리학만 주목한 것은 아니다. 오래 전부터 많은 인문사회학자들이 이 문제에 주목해 왔다. 역사상 존재했던 수많은 사회에서 권력과 부를 독차지한 것은 남성들이었다. 아니 정확히 말하면 그 자원은 소수의 선택받은 권력자에게 집중되어 있었다.

생존과 번식을 위한 자원을 갖기 어려웠던 여성들에게 찾아야 할 이성의 기준은 매우 현실적이었을 것이다. 보기에 아름다운 사람보다는 자원을 풍부하게 가진 사람을 찾는 것이 생존의 비결인 사회에서, 권력을 차지한 남성이 아름다운 여성을 차지하는 것은 어렵지 않은 일이었을 것이다.[3]

남성에게 아름다움은 취향이었을지 모르지만 여성에게 이러한 능력은 생존을 위한 조건 그 자체였을 것이다. 누가 그녀들에게 돌을 던질 수 있단 말인가? 지금의 여성들은 그 올바른 선택을 해서 생존한 인간들의 후손인 것이다.

하지만 시대는 꾸준히 변해왔고 인간은 문명을 고도화시켜 왔다. 절대적인 권력과 자원 독점의 상징인 신분제는 적어도 공식적으로는 사라졌으며 일부다처제가 허용되는 나라도 그 예를 찾아보기 어렵게 줄어들었다.

이제 삼천 궁녀를 독점할 왕은 존재하지 않는다. 여성은 한 명의 파트너를 골라야 하는 상황이 되었고, 무한한 자원을 독점할 사람을 찾기는 불가능에 가깝다(물론 그런 남자들이 없다는 뜻은 아니다). 여성들이 남성에게 매력을 느끼는 부분에 변화가 생기고 있는 것이다.

스스로에 대한
믿음이 필요하다

최근의 사회심리학적 연구들은 여성들이 생존 능력이 탁월해 보이는 사람, 사회성이 좋은 사람, 집단에서 협력을 잘 이끌어 내는 사람들에 매력을 느낀다는 사실을 발견했다.[4]

부를 타고나는 사람들이 여전히 존재하지만 그들도 한 명의 파트너밖에 찾을 수 없는 상황에서 다수의 여성들은 현대 조직 사회에 잘 적응하고 건실하게 직업을 이끌어 나갈 사람에게 매력을 느낄 수밖에 없다.

물론 남성의 경제력에 큰 무게를 두는 여성들의 발언과 글들은 쉽게 발견할 수 있다. 하지만 우리 환자분이 돌아봤으면 하는 부분이 있다.

친구들과 모여서 여자 친구의 조건을 이야기할 때에는 실제보다 훨씬 과장된 이상형을 말하는 경우가 흔하지 않은가? 더구나 여자 친구가 미녀가 아니라고 해서 평생 혼자 살 생각은 아니지 않은가? 언제나 이상과 현실은 우리에게 공존하는 것이다.

지금 우리 환자에게 가장 부족한 것은 스스로에 대한 믿음이다. 청년실업이 보편화되고, 결혼에 적절한 수입을 올릴 확신을 가지기 어려운 시절을 맞이하다 보니 이성을 만나는 것이 걱정되고 위축되는 것은 충분히 이해되는 부분이다.

하지만 여성들에 대해 검증도 되지 않은 오해를 키우고 살아간다면 이성 앞에서 위축되는 환자의 모습은 점점 더 심각해질 것이다. 지금은 자신에 대한 비합리적 패배감과 타인에 대한 불합리한 혐오를 차분히 재검토할 시점이다. 앞으로 진행될 인지행동치료가 환자의 자신감을 찾아주길 희망한다.

10.
괜찮은 남자들은 이미 다 채갔다는 게 사실일까?

You are
so beautiful!

마이애미에서 '어학연수라고 쓰고 한량이라고 읽는' 시절을 보내던 때의 이야기이다. 카페테리아에서 주는 라이스는 기름으로 튀긴 밥이었는데, 나는 거기에 곧잘 버터와 간장을 뿌려 먹었다.

처음 도착했을 때는 반 접시도 비우지 못했던 멕시칸 푸드를 연수 6개월 차에는 깨끗이 비워내고, 기숙사로 돌아가는 길에는 좋아하는 베이커리의 크렘 브륄레까지 부셔줘야 했던 시기였다. 더 이상 맥도날드의 제일 큰 버거도 부담스럽지 않았다(미국에서 마주한 빅맥은 평소 한국에서 1인 2메뉴 주문이 보통이던 나에게도 문화 충격에 가까운 사이즈였다).

기숙사 앞에 있는 바다에는 늘 비키니를 입고 나갔다. 몸매에 자신이 있어서가 아니라 아름다운 마이애미 비치에 방문한 모든 사람은 피부를 구릿빛으로 물들이기 위해 비키니를 입는 것이 그곳의 룰이었다.

세월의 흔적이 깃든 할머니와 할아버지, 임신한 아름다운 여성, 아마도 맥주를 좋아하리라 짐작되는 중년남성들 모두가 자기가 입고 싶은 수영복을 입었다. 수영을 하기 위해.

생각해 보면 몸매가 예뻐야 비키니를 입을 수 있는 자격이 생기는 것이 아니므로, 누구나 자유롭게 입을 수 있는 것이 맞다. 비키니는 그저 수영을 하기 위한 준비물, 다시 말해서 의복일 뿐이다.

그곳에서는 입고 싶은 대로 입고, 먹고 싶은 대로 먹는 일상에 심리적으로나 문화적으로 통제받은 적이 없었다. 한국에서 굳이 가져온 불필요한 외모 관리 책임감 때문에 '곧 다이어트를 시작할 거예요'라고 말하면, 늘 오가며 인사하던 경비 아저씨는 정말 어이가 없다는 얼굴로 '네가 무슨 다이어트가 필요해? 유 아 쏘 뷰티풀!'이라고 말하곤 했다. 살면서 아름답다는 말을 미국에 있는 1년 동안 제일 많이 들었고, 그렇게 한국으로 돌아왔다.

나중에야 알았지만 당시 공항에 마중 나온 어머니는 'Oh My God!'을 외쳤다고 한다(어머니는 무교다). 대놓고 티내지 않은 어머니의 사려 깊음과 놀라운 포커페이스에 대한 감사함은 뒤로 하고, 사실 그때라도 어머니가 '너 살 빼야겠다!'라고 말했다면 이후 1년여의 한국 생활에서 왜 사람들이 나를 이상하게 보는 지 의문이 덜했을 것이다.

나는 내가 살이 쪘다는 사실, 한국 기준에서는 '그것도 너무' 뚱뚱해졌다는 사실을 꽤 오랜 시간이 흘러서야 알아차렸다. 까맣게 태닝된 피부의 살집 있는 여자가 응당 가려야 할 몸을 가리지 않고 돌아다녀서일까? 그 시선들을 나는 놀랍게도 긍정적으로 해석했다. 내 생각에 내 몸에는 아무런 '문제'가 없었기 때문이다.

겨우 1년인데도, 외모에 대한 지적 없는 세상에서 살다 온 나는 한동안 거울에 비친 내 모습에서 아무런 문제도 찾지 못했다는 사실이 지금도 신기할 때가 있다.

물론 개인을 존중하는 나라 '미국 최고!'를 외치기 위한 에피소드는 아니다. 엄격한 미의 고정관념과 나날이 발전하는 성형, 뷰티 시장도 같은 곳에 존재한다는 것을 알고 있다. 참고로 글을 쓰면서 찾은 대부분의 연구 또한 미국에서 이루어졌다.

스펙트럼이 좀 더 넓고, 좁으냐의 차이는 있겠지만 엄격한 미의 기준은 어디에나 존재한다. 개인이 바꿀 수 없는 외모에 대한 평가를 용서할 수 없는 무례함으로 여기는지, 관심과 걱정으로 에둘러 표현하는 것으로 여기며 무감한지 정도의 차이가 있을 뿐이다. 다만 이 경험으로 이야기하고 싶은 것은 미의 기준이 큰 맥락에서는 통일되어 있지만 상황에 따라 조금씩 달라진다는 것이다.

외모의 기준에는
유사한 특징이 있다

안젤리나 졸리, 블레이크 라이블리, 스칼렛 요한슨, 카다시안 패밀리, 이영애, 손예진, 김태희, 송혜교, 박보영……. 각각의 얼굴이 갖고 있는 공통점이 떠오르는가? 외모에 있어 매력적이라는 기준은 본래 다양한 문화에 걸쳐 유사한 특징을 가진다. 그러나 작은 갈래에서는 인종에 따라 다르다고 할 수 있다.

흔히 우리가 떠올리는 할리우드 스타는 조금 각진 턱과 큰 입술, 강조된 광대뼈의 특징을 가지는 반면에 동양의 미인은 갸름한 얼굴에 동그란 턱, 아이같이 동그란 눈을 가지고 있다.

한국의 어느 대학병원에서 인종에 따라 배우들의 얼굴을 조합하여 아프리칸 아메리칸, 코카시안, 중국, 일본의 미인상을 제시하고 문화에 따라 달라지는 미인의 특성을 제시했다.[1] 이를 들여다보면 대체로 예쁘다는 것은 동일한데 서구의 아프리칸 아메리칸, 코카시안의 경우 조금 더 강인해 보이는 인상임을 알 수 있다.

아프리칸 아메리칸　　　코카시안　　　중국　　　일본　　　한국

© Rhee SC.MD., PhD.

외모에는 트렌드가 있다. 단순히 시간에 따른 변화가 아니라 여성과 남성이 사회에서 어떤 기대 역할을 가지는지와 관련이 있는데, 주로 얼굴보다는 몸에 대한 기준이 변화하는 것으로 명확히 드러난다.

여성이 가정에서 보내는 시간이 많고 출산과 양육을 담당하던 과거에는 큰 엉덩이, 풍만한 가슴 등 몸의 곡선을 강조하는 여성이 대표적인 미인으로 꼽혔다. 또한 당시에는 강인해 보이는 신체적 조건, 즉 근육질과 각진 턱이나 날카로운 눈매 같은 카우보이 스타일의 남성이 할리우드의 최고 스타였다.

1960년대와 70년대에 여성의 아름다움에 대한 이상은 마릴린 먼로였다. 아직도 미디어에서 소비되는 그녀의 이미지는 곡선 그 자체이며 두꺼운 입술로 키스를 날리는 모습이 친숙하다.

그러나 곧 영화배우 트위기*로 대표되는 스키니함이 자리를 잡는다. 체형이 그대로 드러나도록 몸에 꼭 맞게 입는 방식은 볼륨감보다는 마른 여성의 시대가 시작되었음을 알리는 신호탄이었다.

그때는 마침 여성이 일을 하고 정치 분야에서도 성과를 거두기 시작할 무렵이었다. 이때 그런 성공이 아직은 너무 위협적으로 보이지 않아야 했다. 그런 사회 분위기가 이상적인 여성의 몸을 사춘기 이전의 소녀처럼 쇠약하게 만들었다는 해석이 있다.

더욱 다양해진
미의 스펙트럼

오늘날 이상적인 여성의 몸은 조금 기괴하다. 가슴과 엉덩이는

---

* 트위기(Twiggy)는 레슬리 로슨(Lesley Lawson)의 별명으로 잉글랜드의 모델 겸 배우, 가수이다. 몸무게가 50킬로그램도 채 안 되어 잔가지처럼 연약하다는 뜻으로 지어진 것으로, 어린아이와 같은 연약한 몸매는 1960년대의 새로운 패션 영역을 개척했다.

큰데 다른 부위는 날씬해야 한다. 이 정도면 다시 태어난다 해도 어려운 일일 것이다.

1,000명의 미국인을 대상으로 진행된 조사에 따르면 완벽한 여성은 키 165센티미터에 몸무게 58킬로그램, 허리 26인치라고 한다.[2] 헛소리라고 열내기에도 허탈한, 기괴한 '이상'적 조건이다.

미국에서는 2020년 성형 트렌드에 대한 기사에서, 두꺼운 '오버사이즈 립'에 대한 수요가 점차 줄어들고 자연의 모습으로 회귀하는 추세라고 밝히기도 했다.[3]

다만 이전보다는 다양한 스펙트럼의 아름다움이 조금씩 인정받기 시작했다. 더 높은 연령대의 경제적 성공이 돋보이는 여성이 많아지면서 조금 더 강인한 인상에 섹시함이 드러나는 미인, 까무잡잡한 피부에 날카로운 스모키 화장을 하는 미인, 쌍꺼풀이 없는 전통적인 동양인 얼굴의 미인들이 자리를 잡았다.

남성의 경우에는 부리부리한 눈과 큰 코, 각진 턱의 이미지인 배우와 달리 조금 더 부드러운 인상의 가정적인 외모가 선호되고 있다.

주위에 꼭 있을 것 같지만 사실은 찾아볼 수 없는 유니콘 같은 미모가 K-pop을 비롯하여 영화, 드라마나 예능까지 휩쓸고 있다. 하지만 여리여리한 얼굴에 짐승 같은 몸이 이상적 기준이 되었다는 점에서 여성의 외모 기준과 비슷한 악랄함을 보인다.

사람들이 매력에는 기준이 없다고 말하는 이유는, 매력에 대한 판단이 상황에 따라 달라질 수 있기 때문이다. '난 그런 얼굴 별로던데' 하는 경우에는 지금부터 하는 이야기에 집중해 보자.

앞에서 말했듯이 당신이 현재 어떤 사람을 만나고 싶은지가 관건이다. 가정적인 남자를 원하는가, 짐승남을 원하는가, 청순함을 원하는가, 섹시함을 원하는가(물론 둘 다 가지고 싶은 것을 알고는 있다. 그래서 더 복잡해진다).

**본능에 충실한
시대가 오고 있다**

어떤 이들은 100년이 가도 변하지 않을 소나무 취향을 가지고 있다고 말하지만, 자신도 모르게 좋아하는 얼굴 형태가 조금씩 바뀔 수 있다. 그 중 가장 신비로운 것은 여성의 경우 '가임률'이고, 남성의 경우는 '남성 호르몬 수준'이다.

여성의 경우 배란일, 그 중에서도 가임률이 높은 시기가 되면 짐승남에게 끌린다.[4] 각진 얼굴에 근육질 남성이 셔츠를 풀어헤친 모습이라든가 힘줄이 튀어나와 있는 특전사 이미지 같은 것 말이다.

이때 '팬아저팬이 아니어도 저장한다는 말'할 수도 있다. 평소에 관심 없던 가수가 단추를 풀어헤친 셔츠 차림으로 '우리 집으로 가자'는 노래를 부를 때 홀린 시점이 언제였나 손꼽아 보자.

이런 현상은 연구 결과로 확인되는데, 반대로 남성 역시 가임기의 여성을 한눈에 알아보고 아름답다고 판단한다. 서로 이유도 모른 채 그냥 끌리는 것이다.[5]

남자들 역시 남성 호르몬이 일정 수준으로 유지되는 것이 아니라 변화한다. 이 호르몬의 변화에 따라 강인하고 섹시한 여성을 원할 때도 있고, 둥근 턱의 여성 호르몬 가득한 얼굴을 선호할 때도 있다.[6]

이런 본능에 충실한 기간에는 남녀 모두 더 대칭된 얼굴, 다시 말해서 더 면역력 높은 유전자의 얼굴을 선호했다. 그런데 주의할 것은, 이 기간에 매력적이라고 느끼는 파트너를 오래 두고 만날 진지한 관계로 보지 않을 수도 있다는 점이다. 장기적으로는 육아에 진심인 파트너를 원한다.

오르지 못할 나무는 쳐다보지도 말라는 격언을 사람들은 본능적으로 잘 지킨다. 특히 여성은 파트너 선택에 있어 상황을 빠르게 파악하고 성공률을 높이는 전략 수정에 기민한 편이다. 무턱대고 잘생긴 사람을 좋아하지는 않는다는 것이다.

주변에 잘난 경쟁자가 많다고 판단되면, 자신의 위치를 확인하고 타깃 파트너를 조정한다. '저는 잘생긴 남자 안 좋아해요!'라는 말이 모두 거짓은 아니라는 뜻이다.

한 연구에서 재미있는 실험을 했다. 여성들에게 예쁘기로 유명한 여배우의 사진을 보여준 뒤 자신의 짝을 고르게 했다. 이때 여성들은 상대적으로 덜 섹시하고, 덜 잘생긴 남성을 선호했다.

반면에 이 정도면 경쟁할 만하겠다는 생각이 드는 평균적인 외모의 여성들 사진을 본 뒤에는 섹시하고 잘생긴 남자를 원했다.[7] 누울 자리를 보고 다리를 뻗으면 작전이 더 성공적일 수 있다. 굳이 실패 가능성이 있는 타깃을 목표로 하기보다는 시간 낭비를 줄이고 실패의 쓰라림도 줄이는 현명한 전략인 것이다.

**아직도
살 만한 세상인가?**

경제적 상황도 영향을 미친다. 환경이 열악하고 힘들면 좋은 유전자보다는 투자 파트너를 선택하거나 상대적으로 부드러운 인상의 남성을 원한다. 출산과 양육에 필요한 자원이 부족하기 때문에 굳이 남성 호르몬이 샘솟는 상대를 만날 이유가 없는 것이다.

또 부모님과 좋은 기억이 있다면 부모님이 양부모님이든, 친부모님이든 상관없이 그들과 비슷한 이성을 파트너로 선택할 가능성이 높다. 태어났을 때 부모님의 나이와 비슷한 얼굴에 끌린다는 연구도 있다.[8]

단, 이는 부모와의 관계가 아주 행복했을 경우에 해당한다. 어린 시절 아버지와 즐거운 시간을 많이 보낸 딸은 그 시절의 아버지와 닮은 남자를 만나고, 마찬가지로 남성은 자신에게 따뜻했던 어머니와 닮은 여성을 아내로 맞는다.

익숙하게 보아온 사람들에 대해서는 더 많은 정보를 가지고 있을 수밖에 없다. 이웃집 아저씨보다는 우리 아버지가 어떤 사람인지 더 잘 아는 것처럼 말이다. 그런 의미에서 사람들은 내가 잘 아는 얼굴을 안전하다고 판단하고, 매력적이라고 인식한다는 설명도 있다.

그런데 이렇게 여러 가지를 고려하고도 남의 떡이 더 커 보인다는 말은 연애에서도 적용된다. 다른 여자가 선택한 남자가 더 괜찮아 보일 수 있는 것이다.

이런 현상은 어류에서도 나타난다. 암컷이 두 수컷 중 하나를 선택할 수 있는 환경에서 암컷은 다른 암컷에게 선택받은 수컷을 선호한다.[9] 이것은 배우자 선택 모방mate choice copying 현상으로, 이미 짝을 이룬 남성이 상대에게 친절하고 충실할 것이라고 여겨져 더 매력적으로 지각되는 현상이다.

괜찮은 남자들은
다 채갔다는 게 사실일까?

사람을 대상으로도 같은 연구를 했는데, 조금 불경스러운 이야기지만 미혼 남성보다 결혼을 한 기혼 남성이 더 매력적으로 평가된다는 결과가 나왔다.[10] 이런 현상과 관련된 한 연구의 제목은 이것이었다.

괜찮은 남자들은 다 채갔다는 게 사실인가?
Are all the taken men good?[11]

머나먼 타국에서 진행된 연구의 제목은 재미있게도 내가 한국에서 서른 살이 넘어가는 순간에 주변에서 가장 많이 들었던 말이다.

좋은 남자는 일찍 잡아채가고 남아 있는 좋은 사람이 없다는 오래된 전설은, 단지 여성들이 취하는 전략에서 비롯된 것일 뿐 진실은 아니라는 것이 여기서 줄 수 있는 답이다.

그럼에도 불구하고 실제로 결혼한 남자들이 괜찮아 보인다면, 연애 기간과 신혼 초 격렬한 전쟁 속에서 와이프가 눈물 젖은 베개 커버를 갈아치우며 얻어낸 결과라는 설명을 다시 한 번 되새겨 보자.

연구에 따르면, 여성들은 다수의 여성에게 둘러싸인 남자를, 한 명의 여성과 함께 있는 남자보다 더 매력적이라고 평가하기도 했다. 다시 말하지만, 이런 결과들은 타락한 마음에서 비롯된 것이 아니라 더 나은 배우자 선택을 위한 종의 생존 전략 중 일부일 뿐이다.

다른 사람의 태도를 관찰하고 모방하며 더 나은 것을 가지려는 마음은 여성들이 채집 활동에서 제일 좋은 과일을 가져다 아이에게 주려는 마음과 별반 다를 것이 없다. 그건 벌레가 많이 꼬이는 달고 맛있는 딸기를 찾는 것일 뿐이다.

쇼핑할 때도 사람들이 웅성거리면 얼른 다가가 내가 놓치는 특가 세일이 있는 건 아닌지 확인해 보지 않는가. 이렇게 생각하면 채집 활동에 특화된 여성에게 질투 전략이 잘 먹히는 전술이구나, 하고 생각할지도 모른다.

하지만 질투 유발 전략을 과도하게 사용하지는 않아야 한다. 진지한 관계를 고려하는 여자는 가까이하기에 너무 인기 많은 사람을 빠르게 제외시키기도 하니까 말이다.

3 장

나는 ―――
　　　매력적인
　　　사람일까?

11.
근육 빵빵 남자가 진짜 보여줘야 하는 것

근육이냐, 얼굴이냐
그것이 문제일까?

동석 씨는 헬스 중독이다. 여자 친구를 만나기만 하면 자신의
몸에 달라진 부분이 없는지를 계속 묻는다. 잘 모르겠다고 대답
하면 실망을 하며 다시 헬스장으로 달려간다.

그는 TV나 유튜브를 봐도 온통 몸만들기 관련 내용만 본다.
여자 친구는 점점 동석 씨에게 짜증을 내지만 동석 씨는 이게
다 자신의 남성적 매력이 부족해서라며 운동에 더 몰두하려고
한다.

오늘도 심리 치료가 끝나면 바로 헬스장에 가겠다고 한다. 이

렇듯 여자 친구와의 시간에 집중을 못하는데, 그녀가 좋아할 리 없다. 그래도 동석 씨는 오직 '강한 남자'에만 몰두 중이다. 두 커플의 미래가 암울하다.

강한 남자, 식스팩이 선명한 근육질의 남자가 멋진 남자의 유일한 조건일까? 사실 여부를 떠나 선뜻 인정하고 싶지 않은 말이다. 이것이 사실이라면 우리나라에서 가장 멋진 남자는 헐크여야 할 것이다. 하지만 예쁜 남자들에 대한 인기는 뭐라고 설명한단 말인가?

시대에 따라 매력의 조건은 달라진다. 이것은 어쩌면 당연한 말이다. 찰스 다윈은 이미 오래 전에 시대와 문화를 넘나드는 보편적 미의 조건은 존재하지 않는다고 말했다.

진화심리학적으로 생각해 봐도 이러한 논리는 충분히 납득이 간다. 인간이 매력적인 이성을 찾는 것은 오로지 환경에 적응하기 위해서였다. 자신이 살아가는 환경에 가장 적합하도록 적응해 온 것이 바로 인간이고, 매력의 기준은 그 적응을 돕기 위한 수단이었다.[1]

사회와 치안의 개념이 자리를 잡기 선에 여성들은 끊임없는 수컷들의 번식 시도 대상이 되어 무참히 희생되었다. 현대 이전의 전쟁을 그린 영화들에서 병사들의 사기를 북돋기 위해 장군이 외치는 '적을 무찌르고 그들의 재산과 여자를 차지하자!'라는 구호는 정말 소름이 끼치도록 끔찍하다.

전쟁의 일부라는 이름하에 얼마나 많은 강간과 살육이 진행되었으며, 얼마나 많은 아이들이 원치 않는 관계 속에서 태어나고 자라야 했을까? 그 시대를 살지 않는다는 것만으로도 감사한 일이다.

이런 시기에 여성의 생존에 필수적인 것은 물론 임신 확률이 높은 건강한 정자를 가진 남성이기도 했겠지만, 다른 남성들의 성폭력에서 자신의 배우자를 굳건히 지켜줄 수 있는 힘 있는 남성이었을 것이다.

하지만 인류는 문명을 구축하고 사회의 규범을 만들어 갔다. 큰 전쟁이 일어나지 않는 한 치안이 유지되는 사회에서 대낮에 성폭력을 당할 위험은 상당히 줄어들었다.

폭력의 위험에서 여성을 지켜주는 유일한 대상이 배우자일 필요가 없어진 사회가 도래하면서 여성들은 더 이상 강한 남자를 유일한 매력의 조건으로 유지할 필요가 없어진 것이다.[2] 이렇게 시작된 치안 서비스는 여성이 이성에 대해 다양한 취향을 가질 수 있는 시대를 만들었다.

근육 빵빵 남자들이
당장 신경 써야 할 것들

짧은 기간의 교제를 원하는 여성들에게는 여전히 신체조건에서 바로 유추할 수 있는 매력이 우선순위가 되겠지만 결혼 같은 긴 관계를 고려하는 여성들에게는 자녀 양육을 기꺼이 함께 할 것으로 예상되는 상대를 찾는 것이 중요해졌다.[3]

예쁜 외모의 남성에 대한 선호는 이런 맥락에서 시작된 것으로 보인다. 여성적인 이미지의 남성이 양육에 동참할 가능성이 전사 타입의 남성에 비해 높아 보이기 때문이다. 물론 외모에서 건강을 유추하는 것에 비해 외모에서 성격을 유추하는 것은 정확성이 떨어질 수밖에 없다.

물고기나 새 같은 동물들은 짝짓기 상대에 대한 정보가 별로 믿을 수 없을 때 짝짓기 경험이 많은 무리가 선택하는 방법을 그대로 흉내 내는 경향이 있다.[4]

인간도 크게 다르지 않아서 짝짓기 상대에게 원하는 정보가 눈에 보이지 않는 조건일 때는 주변의 친구들이나 매스컴 등의

영향을 강하게 받게 된다.[5]

마음에 드는 상대를 만났을 때 남자들이 친구들에게 확인받고 싶어 하는 것은 상대가 얼마나 예쁜지 정도에 불과하다. 하지만 여성은 썸을 타고 있는 상대가 어떤 성향의 사람일지에 대해 주변 친구들과 끊임없는 토론을 벌인다.

영화나 드라마에 나오는 멋진 주인공의 매너에 감동하며 그런 얼굴과 멋진 성향을 동일시하기도 한다. 남자들이 보면 허상을 좇아 살고 있다고 비난할지 모르지만 어쩔 수 없는 일이다. 얼굴에서 성격은 온전히 드러나지 않기 때문이다.

동석 씨는 이제 30대 초반의 남성이다. 여자 친구랑 사귄 지도 벌써 4년이 되어간다. 이쯤 되면 여자 친구가 동석 씨를 짧은 만남의 상대로 생각하고 있지 않다는 사실은 쉽게 짐작할 수 있다.

여자 친구는 동석 씨가 이 험한 세상을 함께 살아가며 가사와 자녀 키우기에 기꺼이 동참할 자질이 있는지를 확인받고 싶어한다. 그런데 한가롭게 식스팩 만들기에 열중하고 있다니 번지수를 잘못 찾아도 너무 잘못 찾은 것이다.

동석 씨가 지금 당장 신경을 써야 할 것은 여자 친구를 더욱 배려하면서 그녀의 고민에 관심을 기울여 주는 것이다. 그런 행동들을 통해 외모에서는 잘 확인되지 않는 좋은 성격에 관한 정보를 여자 친구에게 전달해야 한다. 그것이 결혼 파트너를 찾고 있는 여성에게 확신을 주는 방법이다.

동석 씨에게 헬스장 이용 시간을 엄격히 줄이는 행동치료 기법을 실시해야겠다. 그리고 경청과 공감의 훈련을 통해 부족한 심리적 자질을 끌어올려야 한다. 그것만이 위기의 커플을 구원해낼 유일한 해결책일 것이다.

12.
그 남자는 그런 여자를 왜 만나는 것일까?

그가 여자 친구에게
화가 난 이유

순철 씨는 오늘도 여자 친구에게 화가 잔뜩 나 있다. '남자가 여자 친구를 사랑하면 당연히 이래야 하는 거 아냐?'라는 그녀의 말에 주눅이 들어온 게 한두 달이 아니란다.

뭐든 여자 친구가 보고 싶은 것, 가고 싶은 곳, 먹고 싶은 것 위주로 맞추며 지냈는데 어제는 순철 씨가 그동안 좀 힘들었다고 말을 꺼낸 순간 그 정도도 배려하지 못하는 못난 남자로 매도되어 버렸다고 한다.

여자 친구가 원하는 것을 사주고 분위기 맞춰주기 위해 하는 노력이 너무나 쉽게 평가절하되는 상황을 도저히 참을 수 없다고, 순철 씨는 계속 울분을 토했다. 한국 여자들은 생각 자체가 틀려먹었다는 말까지 터져 나왔다.

그런데 들을수록 혼란에 빠진다. 그렇다면 순철 씨는 그런 여자를 왜 만나는 것일까? 이렇게 잘못된 생각을 가진 여성을 만나야 할 이유가 있을까? 그리고 순철 씨의 여자 친구는 유독 이기적인 사람이라고 봐야 할까?

기존의 심리학에서는 매력의 기능을 종족 보존을 통해 설명하려는 경향이 강했다. 건강한 2세를 최대한 많이 낳을 수 있는 것이 종족을 유지시키는 최선의 방법이고, 매력은 그러한 조건을 갖춘 배우자를 찾기 위해 기능했다는 것이다.

농업과 수렵이 생계유지의 주요한 수단이던 산업사회 이전의 세상에서는 후손이 많은 자가 곧 경제적, 사회적 부를 소유한 자와 동일시되기도 했으니,[1] 아이를 많이 낳는 것은 생존을 넘어서 성공의 조건이 되었을 것이다.

물론 그 자체를 부정할 수는 없지만, 한 가지 더 깊이 생각해볼 사안이 있다. 아이가 낳기만 하면 잘 살아갈 수 있는 존재인가? 먹을 것이 부족하던 시대에 충분한 영양을 공급받을 수 있는 아이는 지극히 한정적이었다.

아이는 수많은 질병과 사고의 위험도 피해나가야 한다. 여기에 필수적으로 양육자들의 노력이 요구된다. 결국 많은 아이를 출산하는 것 못지않게 제한된 아이를 공들여 키우는 것이 중요한 것이다.[2]

남자와 여자의
은밀한 거래

결국 남성과 여성은 아이를 키우는 데 어느 정도의 노력을 투자할 것인가에 대한 역할 분담을 할 필요가 생긴 것이다. 여성의 양육 기여도가 필수적으로 요구되는 대부분의 상황에서 남성의 양육 기여도는 여성이 어느 정도를 기꺼이 기여하고자 하느냐에 달리게 된다.[3]

외모에서 풍기는 매력이 동일한 상황이라고 가정한다면 남성에게 가장 매력적인 여성은 아이를 키우는 데에 필요한 여러 가지 자질과 자원을 넉넉하게 가진 여성이다.

그런 여성을 만난다면 남성은 2세 양육에 거의 아무런 노력을 하지 않아도 되기 때문이다. 미국 유타대학교의 인류학자 엘

리자베스 캐시든 교수는 다음과 같은 그래프를 통해 이 관계를
설명했다.

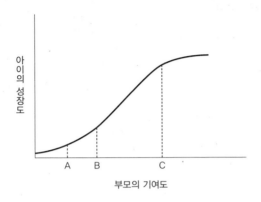

한 남성이 A라는 여성을 선택한다. 그 여성은 기술 부족, 혹은
의지 없음 등의 이유로 아이 양육에 충분한 기여를 하지 못할
사람이다. 가로축은 부모의 기여 정도, 세로축은 아이가 잘 자랄
정도를 의미한다고 가정하자. 아이는 부모의 관심을 높임에 따
라 더 잘 자랄 가능성이 높아지기에 남성은 2세 양육에 많은 노
력을 기울여야 한다.

하지만 C라는 여성을 만난다면 상황은 정반대가 된다. 여성
은 아이를 키우는 데 필요한 모든 조건을 이미 갖추고 있고, 남
자가 돕는다고 해서 아이가 더 나아질 가능성도 크지 않다. 이
런 경우라면 남성은 다른 관심사에 자기의 에너지를 투자할 수

있기에 C는 매우 매력적인 배우자가 되는 것이다.

여성이 주변의 남성에게 매력을 어필하는 방법 중 하나는 자신이 가지고 있는 자녀 양육의 잠재적 자원을 마음껏 보여주는 것이다. 때로는 동료 여성의 기대하지 않았던 요리 솜씨나 가사 능력, 따뜻한 배려와 섬세한 마음씨에 갑자기 설레는 마음이 생기는 것은 이 때문이다.

하지만 이 시도에는 위험이 따른다. 앞으로 벌어질 결혼과 육아 부담을 거의 혼자 감당하겠다는 무언의 약속을 남성에게 던지는 행위가 될 수도 있기 때문이다.

가사와 육아에서 남자의 적극적인 참여를 기대하는 여성이라면 미묘한 이성관계의 기운이 싹트는 시점부터 적절하게 자신의 양육 잠재력을 억제시키고 의존의 경향성을 높여야 하는 것이다.

스스로 들 수 있는 짐도 도움을 청하고, 스스로 해낼 수 있는 일처리도 때로는 상대방에게 시킬 수 있어야 한다. 이 과정을 통해 여성은 이 남성과의 결혼생활에서 양육을 위해 어느 정도를 투자할 수 있는 사람인지를 검증받게 되고, 반대로 남성은 자신이 투자할 수 있는 정도를 여성에게 제시하는 것이다. 이

거래의 과정은 의식적일 수도 있지만 오랜 선조들의 적응 과정을 통해 우리 뇌에 프로그램된 무의식적 과정일 수도 있다.

왜 여자는 남자에게
많은 걸 요구할까?

다시 순철 씨의 이야기로 돌아오자면, 물론 그의 여자 친구가 지독한 이기주의자이고 남자를 이용하는 것을 즐기는 여성일지도 모른다. 하지만 여성이 잠재적 배우자에게 다양한 도움을 청하는 것은 그 자체가 이 남성과의 결혼생활을 미리 시뮬레이션하는 일종의 실험일 수도 있다는 점을 생각해 볼 필요가 있다.

여성은 어떤 답을 가지고 남성에게 여러 가지를 요구한다기보다는 상대방이 어느 정도의 도움을 기꺼이 줄 수 있는지를 확인하고자 하는 것일 수 있다.

순철 씨는 그냥 자기가 즐거운 마음으로 상대방을 위해서 해줄 수 있는 선이 어디까지인지만 보여주면 되는 것이다. 본인이 감당할 수 없을 정도의 배려와 지출은 여성에게 혼란만을 가중시켰을 것이다. 그냥 본인이 할 수 있는 부분을 정확히 보여주고 나머지는 상대방의 선택을 기다리는 것이 정직한 거래의 과정인 것이다.

여성은 아마도 상대방의 양육 투자 능력과 다른 요인들(아마도 외모나 재력 등)을 종합적으로 고려하여 이 남자와 '영원의 약속'을 할 것인지를 결정할 것이다.

그렇다고 순철 씨가 억울해할 필요는 없다. 선택은 쌍방향적인 것이다. 순철 씨도 상대방 여성이 기꺼이 양육에 투자하고자하는 정도를 바탕으로, 또한 다른 많은 요인들을 종합해서 이관계의 미래를 결정하는 것이니까.

현대 사회에서 양육의 부담은 과거의 그것과 비교할 수 없이복잡하고 어려워지고 있다. 특히 우리나라와 같이 심각한 교육열 대비 국가의 양육 지원이 미비한 나라에서는 공동 양육에 대한 정확한 합의 없는 결혼은 두 사람 모두에게 재앙적 결과를초래할 것이다.

여성들이 남자에게 의존적인 모습을 좀처럼 보이지 않고, 데이트 비용도 동등하게 분담하는 나라들이 어떤 곳인지를 한번곰곰이 생각해 보라.

대부분 그런 나라들은 아이 양육에 대한 국가 책임이 강조되는 복지국가이자 여성의 사회생활을 적극적으로 지원해 주는

선진국들이다. 남녀 간의 치열한 수 싸움이 싫다면 그런 계산이
필요 없는 사회를 만드는 노력을 먼저 시도해야 할 것이다.

13.
데이트가 시작되면 판은 뒤집힌다

결국은
외모보다 성격을 본다

사람들은 한눈에 얼굴만 쓱 보고도 매력은 물론이고 남성성, 또는 여성성, 협동성, 직업에 대한 힌트까지 판단해 낼 수 있다.[1] 그럼에도 사람들은 결국 외모가 아니라 성격을 보는 것이 맞다. 내가 원하는 성격이 들어 있을 만한 얼굴을 판단할 뿐이다.

그렇기에 육아에 진심인 가정적인 남자를 원한다면 부드러운 인상을, 리더십 있는 섹시함을 원한다면 강인한 매력의 남성 호르몬 소유자를 원하는 것이다. 성격이 중요하다면서 외모를 보는 이유가 바로 여기에 있었다.

그리고 각자 처한 상황에 따라 매력적이라고 끌리는 외모는 각양각색으로 달라진다. 하지만 누가 소개팅을 할 때 사진만 보고 사귀기로 결정하겠는가? 우리는 언어라는 도구로 소통을 하며, 데이트라는 훌륭한 제도를 통해 상대의 얼굴 정보가 '실제와 맞아 떨어지는지' 확인할 기회를 갖는다.

이것이 연애의 판을 뒤집기도 한다. 첫 번째 데이트로 많은 것을 알 수는 없다. 그래서인지 우리나라의 국민 대다수가 널리 받아들이는 룰은 삼세 번 데이트인데, 나는 다섯 번은 만나 볼 것을 추천한다. 물론 오래 만날수록 좋겠지만 우리나라에서는 '우리 무슨 사이야?'라는 의문 섞인 질문을 받을 수도 있기 때문이다.

최소 다섯 번은 만나기를 권유하는 데는 근거가 있다. 오래된 연구에서 다음과 같은 주장이 있었다. 첫 만남에는 외모나 신체적 매력이 지배적으로 영향을 미친다. 그로 인해 이어간 두 번째 데이트부터는 성격에 대한 정보를 알기 시작하면서 성격이 호감 유지에 지대한 영향을 미친다.[2]

10년이 지난 뒤 반복된 연구에서는 성격만이 아니라 외모와 성격 모두 계속된 데이트에 영향을 미친다는 조금 다른 주장을 했다. 그리고 실험 결과, 그 유효기간은 최소 다섯 번째 데이트

까지였다고 한다.[3] 우리 연애에서 이루어지는 의사 결정은 아래
와 같다.

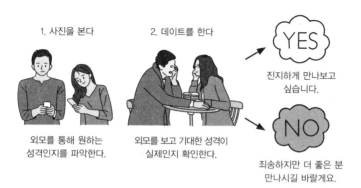

1. 사진을 본다

외모를 통해 원하는
성격인지를 파악한다.

2. 데이트를 한다

외모를 보고 기대한 성격이
실제인지 확인한다.

YES

진지하게 만나보고
싶습니다.

NO

죄송하지만 더 좋은 분
만나시길 바랄게요.

그러므로 데이트가 시작되는 순간, 우리는 판을 바꿀 수 있으
니 외모로 인한 서류 탈락이 잦다고 실망할 필요는 없다. 그건 시
간을 아낀 것뿐이다. 성격은 의외로 강한 힘을 가지고 있다. 상
대에게 콩깍지를 씌우는 것은 성격만으로도 충분히 가능하다.

한동안 매력을 연구하는 사람들은 '잘생기고 예쁘면 성격도
좋아 보이는 마법'에 집중했는데, 70년대 미국에서는 이를 뒤집
어 '성격이 좋으면 예쁘고 잘생겨 보이는 마법'을 증명하기 시
작했다.

성격이 좋으면
예쁘고 잘생겨 보인다

이를 증명한 연구는 미국에서 여러 번 이루어졌다. 성격에 대해 알려주지 않은 채 사진만을 보여주고 외모에 대해 평가하라는 지시를 받은 경우와 성격이 좋다는 암시를 받고 외모에 대해 평가한 경우에 두 점수가 달랐다. 물론 긍정적인 쪽으로 말이다.[4]

성격이 좋으면 아름다워 보이는 신체 사이즈 범위도 늘어난다. 사람들은 실제로 날씬하고 보기 좋은 몸보다 좋은 성격을 원하는 것이다.[5]

마침내 다섯 번의 데이트 끝에 희망을 발견했다. 그렇다면 그때는 어떤 성격을 매력으로 어필해야 하는가? 사람들의 성격을 유형화하는 심리학 이론 중 가장 많이 알려진 것이 '5요인 모델'이다.

5요인 모델은 외향성Extraversion, 원만성Agreeableness, 성실성Conscientiousness, 정서적 안정성Emotional Stability, 개방성Openness의 다섯 가지로 이루어져 있다. 최근에는 여기에 정직성honesty까지 더해서 '6요인 모델'을 주장하기도 한다.[6]

이 중에서 일반적으로 사람을 매력적으로 만드는 성격은 '외향성'과 '정직성'이다. 외향성은 특히 신체적 매력뿐만 아니라 성적 매력을 높이는 것으로 나타났다. 이는 한동안 대한민국에 불었던 '인싸*' 열풍과 맞닿아 있다.

어디를 가나 모임의 중심이 되고, 에너지를 밖으로 발산하며 여러 네트워크를 형성하는 특성은 분명 매력적인 요소임에 틀림이 없다.

하지만 인싸력이 충만하다는 특성은 장기적이고 진지한 관계를 맺기에는 어딘가 불충분하고 오히려 진지한 관계에는 방해가 될 수도 있다.

그래서 진지한 관계를 원하는 이들은 정직함에 끌린다. 정직한 사람은 사회적 호감도와 신뢰성 측면에서 훨씬 많은 호감을 얻는다. 그리고 중요한 것은 이 성격이 외모까지 매력적으로 보이게 한다는 것이다.

여기서 잠시 나쁜 남자/여자에게 끌리는 이유에 대해 이해할 수 있다. 외향성은 나르시시스트에게서 보이는 특성 중 하나이기도 하다. 자기 자신에게 도취되는 한편, 사회적으로 명망 있는

---

* '인사이더'라는 뜻. 각종 행사나 모임에 적극적으로 참여하면서 사람들과 잘 어울려 지내는 사람을 이르는 말이다.

이들과 어울리며 자신의 위치를 인정받고자 하는 특성 상 넓은 범위의 사회활동이 필수적이기 때문이다.

그런 나르시시스트는 타인에 대한 배려보다 자신에 대한 특별 대우를 바라기 때문에 장기적으로는 관계를 이어나가기가 어렵 다. 하지만 아주 단기적으로는, 이런 나르시시스트의 자신감(사실 은 오만이겠으나)과 외향성이 매우 매력적으로 보일 수 있다.

여기서 나쁜 남자의 덫에 걸리는 이들이 종종 있으나, 다른 문제가 없는 경우 한 번 데이고 나면 경험치가 쌓여 100미터 밖 에서도 피할 수 있게 된다.

따라서 우리가 파트너에게 원하는 것은 외향성보다는 정직성 이다. 한 연구에서 지능과 독립성, 정직성에 대한 정보를 알려주 고 매력을 평가하게 했더니 사람들은 정직하다는 정보가 있는 사람을 매력적이라고 느꼈다.

우리가 외모를 보는
진짜 이유

사람들이 동안童顔을 매력적으로 느끼는 이유도 정직성과 맞닿 아 있다. 동안은 정직함에 대한 정보를 많이 담고 있다. 아직 태어난 지 얼마 되지 않은 어린아이의 얼굴은 정직함 그 자체로 볼 수 있다. 그래서 아이 같은 얼굴, 작은 턱, 높은 눈썹과 큰 눈은 정직함을 반영하는 얼굴로 인식되는 것이다.

이런 주제로 연구해 본 결과, 정직함은 특히 평균적인 외모의 사람들이 무기로 삼을 수 있는 매력 발산 포인트라는 것을 알아냈다.

외향성과 정직성을 다양한 수준으로 조정하여 사람들에게 보여준 결과, 평범한 얼굴을 가진 경우 정직하다는 정보가 있을 때 외모까지 훨씬 매력적으로 느낀 것이다.[7]

하지만 유의할 것은, 사람들은 '매우 정직한 동시에 매우 외향적인' 사람을 이상하게 생각했다. 이를테면 엄청난 인싸인데 엄청나게 정직한 사람이라는 이미지는 쉽게 매치되지 않으면서 오히려 의심을 불러일으킬 수도 있는 성격의 조합일 수도 있기 때문이다.

한 가지만 기억하면 된다. 외모를 보는 이유는, 성격을 알고자 하는 이유라는 것. 그리고 성격에 대한 정보를 알고 나면, 처음의 고정관념은 달라진다는 것이다.

물론 우리는 이러한 사실을 알고서도 자연스럽게 외모에 대한 고정관념대로 행동할 것이다. 외모로 나도 모르게 나와 어울리는 사람을 판단하고, 친해질 수 있는 친구를 골라내며, 연애 상대로 적합한 이를 선정할 것이다.

　시간을 절약하기 위한 본능이라는 점에서, 그런 심리적인 작용 자체를 거부하고 비난할 필요는 없다. 인정하고 자연스러운 현상임을 생각하자. 다만, 성격을 알기 전까지는 모든 것이 무의미할 수 있다는 점은 늘 상기해야 할 것이다.

14.
성형이 자존감을 끌어올릴 수 있을까?

멀쩡한 얼굴인데도
본인은 불만 폭발

우리 환자분의 안색이 심상치 않다. 분명 어디선가 외모 평을 들고 왔을 것이다. 그는 항상 자신의 외모가 매력적이지 않다는 데 집착하고 있으니 사소한 말에도 상처를 받을 수밖에 없다.

들어보니 별 이야기도 아니었다. 같은 과 여자 후배들과 어울린 자리에서 몇몇 잘생긴 선배들에 대한 얘기가 나왔는데, 우리 환자분은 그 리스트에 포함되지 않았다.

남자만 200명이나 되는 과에 다니면서 '베스트 3'에 포함되지 않았다고 이렇게 좌절감을 느끼는 것이 일반인의 관점에서는 이해하기 힘들 것이다. 하지만 우리 환자는 이제 진지하게 성형 수술에 대한 논의를 원한다. 이 상황을 어찌 수습할 것인가?

남들이 보기엔 멀쩡한 외모를 가지고 있는데도 끊임없이 자신의 얼굴과 신체에 대해 불만을 갖고 사는 사람들이 있다. 심리학에서는 이런 불만의 원인을 마음속에 존재하는 내 몸의 이미지인 '신체 이미지(요즘은 보통 보디 이미지라고도 많이 쓴다)'에서 찾는다.

초기에는 신체 이미지를 그냥 마음속에 떠오르는 자신의 모습으로 보는 경향이 강했으나 점차 자신의 신체에 대해 가지고 있는 정서적 태도나 자기 신체가 어떻다고 생각하는지 같은 신념도 모두 신체 이미지를 구성한다고 보는 쪽으로 개념이 확장되었다.[1]

우리 환자분은 자신의 외모 매력도가 보통 사람들에 비해 많이 부족할 뿐만 아니라 정상적인 이성교제가 불가능할 정도라고 생각한다. 심각하게 부정적인 신체 이미지를 가지고 있고, 몹시 낮은 자존감을 보인다.

신체 이미지에 대한 부정적 집착은 사회적 배경을 떠나서는 생각하기 어렵다. 미국 심리학회가 2007년에 발표한 보고서에 따르면 여성을 성적으로 대상화하는 문화권일수록 여성들의 자기 신체 이미지와 관련된 불안이 높다고 한다.

하지만 한 인간을 그 사람 고유의 인격이나 능력으로 판단하지 않고 성적 매력의 대상으로만 평가하는 경향은 점점 더 보편화되고 있다. 이제는 여성뿐 아니라 남성에 대한 성적 대상화도 심각해지고 있다.[2]

남자 연예인이 예능 프로그램에 나오면 당연히 상의 탈의 정도는 해줘야 하는 게 자연스러워지고 있다. 이제는 복근 관리가 안 된 남자 연예인을 조롱과 비하의 대상으로 만드는 게 어색하지 않다. 상당수 남자 연예인이 활동을 안 하는 기간 동안 몸을 만드는 이유가 건강관리 때문만은 아닐 것이다.

아직 자아가 충분히 정립되지 않은 10대들은 자신의 신체 이미지에 대한 집착과 불안이 더욱 현저하다. 자신의 신체 이미지에 대한 불안을 해소하기 위해 끊임없이 연예인의 옷차림과 화장법을 흉내 내고, 최신 유행의 옷을 입고 싶어 한다.

그러다 이런 방법이 충분히 만족스럽지 않은 경우는 최종적인 해결책으로 성형을 고려하게 된다. 현대의 성형외과들은 '재건 성형'이라는 방법을 제시함으로써 이 분야의 최초 설립 목적과는 상당히 다른 길을 걷고 있다.

설령 성형에
성공했다 해도

어떤 사람들은 성형 수술이 자신을 더 예쁘게 만들어 줄 뿐 아니라 자존감을 끌어올리는 수단이 될 것이라 기대한다.[3] 물론 작은 신체적 결점의 보완이 개인의 자존감을 증진시키는 것은 충분히 가능하다.

문제는 지극히 낮은 자존감을 가지고 성형외과를 찾는 사람들이다. 그들은 자기 자신에 대해 가지고 있던 모든 불만족과 불행을 성형 수술을 통해 보상받으려고 한다. 과연 미용성형은 한평생 지속된 한 사람의 낮은 자존감을 일거에 끌어올리는 결정적 한 방이 될 수 있을까?

이 부분에 대한 답을 얻기 위해 먼저 살펴볼 부분이 있다. 외모의 변화는 자존감의 변화를 유발할 수 있느냐는 질문이 그것이다.

루마니아의 재건 성형 전문의인 파두라루 박사는 예기치 못한 사고나 질병 등으로 인해 외모에 뚜렷한 변형이 나타난 사람들의 심리적 특징을 미용성형을 받고자 하는 환자들과 비교해 보았다.

이들 대부분은 정상적인 신체 이미지와 자존감을 가지고 살던 사람들이지만 예기치 못한 불행으로 신체적 결함을 안고 살아가게 되었다.

이들의 외모 결함은 미용 목적의 성형외과 방문 환자들보다 훨씬 현저하고 심각했다. 그럼에도 신체 이미지, 현실에 대한 통제감, 자존감 모두에서 미용성형 지원자들보다 높은, 거의 정상인과 대등한 심리 상태를 보인다는 사실을 확인할 수 있었다. 심지어 이들의 신체 이미지나 자존감은 재건 성형 수술을 성공적으로 마친 뒤 더욱 호전되었다.[4]

불의의 사고로 외모에 손상을 입은 사람들은 사고가 있기 전 오랜 세월 동안 정상적인 신체로 살아왔다. 신체 이미지와 자존감은 출생과 동시에 자신의 신체가 세상을 만나며 축적해 온 경험의 총합이다. 불의의 사고가 그 장대한 기억의 결과물을 훼손시키기엔 역부족일 수밖에 없는 것이다.

반면에 미용성형을 자신의 낮은 자존감을 일거에 해결할 해결책으로 기대하는 환자들은 이미 자신의 인생만큼 쌓아올린 부정적 신체 이미지와 자존감을 가지고 있는 경우가 대부분이다.

이렇게 장시간에 걸쳐 부정적 자기 이미지를 가지고 살아온 경우, 그 사람은 자신의 외모를 스스로 평가하고 타인의 반응을 해석하는 측면 모두에서 심각한 왜곡을 가질 수밖에 없다.

설령 미용성형이 성공적으로 끝난다고 해도 그것이 이 사람의 한평생을 가득 채운 부정적 기억을 대체하기에는 역부족일 수밖에 없는 것이다.

성형이 정말 자존감을 끌어올릴 수 있을까?

긍정적인 신체 이미지를 갖는 것은 새로워진 몸과 얼굴을 가지고 오랜 시간을 살면서 기존과는 전혀 다른 긍정적 경험들을 축적할 때만 가능하다.

하지만 스스로를 부정적으로 바라보는 마음의 틀을 그대로 가진 채, 이를 반전시킬 좋은 경험들을 하는 것은 결코 쉬운 일이 아니다. 많은 경우, 이러한 시도는 추가적 성형에 대한 갈증을 유발하게 된다.

오랜 시간 동안 낮은 자존감으로 고통받아온 사람들이 성형 수술을 통해 극적인 반전을 얻어낼 가능성은 매우 희박하다. 그 것은 영화 속에서나 그려질 수 있는 해피엔딩이다.

실제로 성형외과에서는 심각한 신체 이미지 왜곡이나 낮은 자존감을 가지고 수술을 원하는 환자들에게 정신적인 치료를 먼저 권하곤 한다.

몸과 마음은 하나의 통합된 경험을 하며 살아가려는 경향이 있기에 못난 마음을 가진 상태에서는 자신의 예뻐진 외모가 눈에 들어올 수가 없다.

성형이 자존감을 끌어올릴 수 있을까? 그건 그 사람이 얼마나 건강한 마음을 가지고 있느냐에 달렸다. 건강한 자기 이미지를 가진 사람들에게 부분적인 미용성형은 큰 보람이 될 수 있을 테지만 자기에 대해 전반적인 불만족을 가진 사람들에게 성형은 또 다른 좌절만을 안겨줄 뿐이다.

15.
중년이 넘으면 매력이 사라지는 것일까?

**나이 든다는
슬픔에 대하여**

오늘은 우리 환자분의 표정이 유달리 어둡다. 오랜만의 모임을 앞두고 거울을 바라보다가 미처 자각하지 못하던 얼굴의 주름들을 직면하게 된 것이다. 이제 50대 중반, 남자로서 아직은 모든 것이 한창 때라고 생각했지만 거울이 보여주는 현실이 너무 충격적이었나 보다.

　환자분은 문득 자신이 늙어가고 있고, 이제 살날이 얼마 남지 않았다는 생각에 불안이 엄습해 왔다. 그리고 이제는 아무도 자신에게 매력을 느끼지 않을 것이라는 생각에 마음이 울적하단다. 이제 이 분의 시대는 끝난 것일까?

인간의 신체 매력을 결정하는 여러 요인들이 있다. 젊음, 체중/체형, 외모에서 드러나는 성별의 특징 등이 이런 요인들에 해당되는데, 모두 인간의 매력을 결정하는 데 중요한 역할을 한다.

문제는 이런 요인들은 인간이 평생 동안 안정적으로 유지하기 어려운 것들이다. 대부분은 시간이 지나면서 매력과 반대되는 쪽의 발전을 거듭하게 된다.

체중이 매력에 중요한 역할을 한다는 사실은 많은 연구를 통해 입증되어 왔다. 신장 대비 낮은 몸무게를 가지고 있는 여성들은 그렇지 않은 여성들에 비해 높은 호감도 점수를 받는다.[1]

이것은 여성들에만 적용되는 현상이 아니다. 비만인 남성에 비해 상대적으로 마른 남성들이 더 매력적이고 심지어 사회생활에 바람직한 속성들을 많이 가지고 있다는 평가를 받는다.[2]

우리의 고정관념 속 체형과 사회적 지위를 잘 보여주는 사례는 영화배우가 맡는 배역을 보면 알 수 있다. 고무줄 몸무게로 유명한 조진웅 배우의 초기작은 대부분 웃기는 동네 아저씨나 조직폭력배의 하급 조직원 등이었다. 이 시기의 체중은 120킬로그램을 훌쩍 넘겼다고 한다.

이후 감량에 성공한 그는 조폭의 두목, 장군 등 주연급 배역을 맡기 시작하더니 김구 선생님 역할을 맡기에 이른다. 사회의 리더급 인물들은 비만이지 않다는 고정관념은 다른 배우들의 사례에서도 쉽게 찾아볼 수 있다.

문제는 나이가 들수록 체중을 마르게 유지하는 것은 힘들다는 점이다. 직장인 남성의 체형은 마르고 배가 나온 남자와 뚱뚱하고 배가 나온 남자 두 종류뿐이라는 우스갯소리가 있다.

이는 몸을 재산으로 관리하는 연예인이 아닌 일반인들이 시간과 함께 변해가는 체형을 되돌리는 것이 얼마나 어려운지를 알게 한다. 대부분의 사람들은 자신을 가꾸기보다 돈을 벌기 위해 먹고 살아야 하기 때문이다.

피할 수 없는 노화에
슬퍼하지 마라

성호르몬 수치도 세월을 빗겨가지는 못한다. 남성 호르몬은 30대를 기점으로 분비량이 꾸준히 감소한다. 이보다 10여 년 정도 늦기는 하지만 여성의 호르몬 분비도 줄어들기 시작하는 것은 마찬가지다.

성호르몬 분비의 감소는 무기력과 성욕 감퇴 등의 생물학적 기능에도 영향을 미치지만 성별을 특정 짓는 남성이나 여성 얼굴형의 특성을 사라지게 만든다. 노년기의 남성과 여성이 얼굴의 생김새에서 점점 그 차이를 발견하기 어려워지는 것이 이 때문이다.

외모의 매력 평가에서 가장 강력한 힘을 가진 속성은 바로 젊음이다. 누구를 배우자로 선택할 것인가에 대한 실험에서 피험자들은 더 젊어 보이는 얼굴을 선택하고, 매력 점수도 더 높게 부여한다.

어려 보이는 얼굴에 대한 선호는 물론 생식 가능성에서 출발한 것이지만, 지금 현대인들에게는 그 자체로 미의 절대적인 기준인 것이다.

동안을 유지시켜 준다는 유혹은 화장품, 피부관리업체, 성형외과 및 피부과 병원의 광고에서 빠지지 않는 내용이다.

정상적인 노화의 모습들이 이미 한 개인의 매력도를 낮추는 기능을 하기에 현대인들은 처절하게도 자신의 노화를 감추고자 애쓰게 된다.

인간이 매력적인 외모를 선호하는 것은 궁극적으로 외모를 통해 추론할 수 있는 그 사람의 건강 상태 때문이다. 맑고 고른 톤의 피부색과 부드러운 피부질감, 맑은 눈과 윤기 있는 모발은 그 자체로 건강함의 상징이지만 동시에 매력적인 외모의 조건이다.[3]

호르몬과 체중, 연령대가 매력의 조건이 되는 이유도 사실 큰 관점에서 보면 이 정보들이 모두 건강함이라는 정보를 포함하고 있기 때문이다. 인간이 오랜 적응의 시간 동안 임신 가능성이 높고 건강한 배우자를 찾으며 생존해 왔다는 것은 더 강조할 필요도 없을 듯하다.

산토끼보다
집토끼를 돌봐야 할 시간

세월이 야속하다는 말이 있다. 그다지 훌륭한 외모는 아니지만 나도 과거의 사진과 지금의 모습을 비교하며 충격에 빠질 때가 있다. 피부 톤에서 체형까지 사진 한 장만으로도 노화의 진행을 쉽게 확인할 수 있다. 예전에 어른들께서 외모에 신경 쓰는 젊은이들에게 늘 하시던 말씀이 생각난다.

"젊은 것만으로 예쁜 거야. 더 꾸밀 필요가 없어."

정말로 맞는 말씀이다. 그분들은 매력심리학을 공부하지 않고도 이미 많은 진리를 깨닫고 계셨던 것이다. 최고의 매력은 젊고 건강함 그 자체에서 나온다.

충분히 짐작할 수 있듯이 오늘날 자본주의는 늙어가는 개인의 노화 불안을 자극해서 돈을 벌고 있다. 패션에서 화장품, 의료산업에 이르기까지 모든 상품의 목표는 고객에게 젊음을 회복시켜 준다는 것에 집중된다.

일부 정상급 연예인은 CF 촬영 등 제한적인 상황을 제외하고는 대중 앞에 노출되는 상황을 매우 꺼리는 것을 발견할 수 있다. 가정이기는 하지만, 자신의 노화를 노출시키지 않을 유리한 환경에서만 자신을 드러내겠다는 의도가 담겨 있을 수도 있다는 생각이 든다.

시간은 간다. 따라서 젊음이 주는 매력의 효과는 극히 제한적이다. 그렇다면 나이가 들면서 기대할 수 있는 인간의 매력은 없는 것인가?

그렇지는 않다. 인간의 매력을 결정하는 요소 중에서 신체조건이 차지하는 비중은 상당하지만 결코 전부가 아니다. 노화를 막기 위해 애를 쓰는 것도 중요하겠지만 어차피 떠나갈 것을 홀

가분하게 떠나보내는 것도 현명한 선택이다.

　매력을 구성하는 요소는 신체적 조건들 말고도 여러 가지가 있다. 또한 이것들은 연령과 상관없이 매력에 긍정적인 영향을 미칠 수도 있다. 어차피 떠나간 토끼를 붙잡으려 애쓰기보다는 아직 내 집에 있는 토끼를 잘 키우는 것이 현명한 선택이다.

4장

매력을 ___
만들 수
있을까?

16.
이 세상 어딘가에 있을 그 사람을 위해

**과연 그에겐
희망이 없는 것일까?**

모태솔 씨는 30대 초반의 남자로 어머니 뱃속에서 나온 뒤로 한 번도 연애를 해본 적이 없다. 여자 친구가 없었을 뿐만 아니라 아직 성경험도 없다. 하지만 그 이야기를 꺼내는 것을 너무나 수치스러워 하는 태솔 씨. 불행한 것은 본인이 너무나도 연애를 하고 싶어 한다는 사실이다.

물론 남중, 남고, 공대를 다닌 태솔 씨의 환경이 연애를 하기에 그리 우호적이지는 않았지만 그게 변명이 될 수는 없다. 30대로 접어들며 태솔 씨의 압박감은 점점 심해지고 있다. 자신을 좋아해 줄 사람은 아무리 봐도 세상에 없는 것 같다는 이야기를 반복하다 상담실을 나선다. 과연 그에겐 희망이 없는 것일까?

인간이 어떤 신체적 특징에 매력을 느껴왔는지를 전달하다 보면 반드시 부딪치게 되는 큰 저항이 있다. 결국 인기는 외모순이고 정해진 서열이 있느냐 하는 것이다.

태솔 씨처럼 연애에 어려움을 겪는 사람들은 특히 이런 연구 결과들에 대해 부정적 태도를 보이곤 한다. 마치 모태솔로는 생물학적 최빈곤층임을 증명하는 자격증처럼 느껴지는 것 같다.

물론 그것은 사실이 아니다. 설령 인간이 오로지 외적 특징에 의해 매력을 느낀다 하더라도 외모에 대한 개인차는 매우 크다.

"객관적으로 잘생겼을지는 모르지만 내 취향은 아니야!"

이런 말이 단지 오르지 못할 나무에 대해 갖는 자기 합리화는 아닌 것이다. 여기서 중요한 진화심리학적 주장을 다시 한 번 반복해야겠다. 인간이 외모를 따지기 시작한 것은 정말 외모에 대한 선호가 있었다기보다는 외모를 통해 본인들의 생존에 필요한 속성을 가진 존재를 찾고자 하는 본능에서 시작되었다는 것이다.

문화권을 통틀어 배우자의 선택에서 중요시되는 공통적인 조건은 성격이다. 이것에 대해서는 남녀 차이가 크지 않다고 한다.[1] 우리가 얼굴을 통해 확인하고 싶은 것은 외모 그 자체라기보다는 그 사람이 어떤 성향인지에 관한 문제이다.

만나는 이성마다 전문적인 성격검사를 실시해 보면 큰 도움이 되겠지만 즉석만남이나 썸을 타는 관계에서 이는 불가능한 일이다. 요즘 세대들이 자기 프로필에 당당히 MBTI 프로파일을 올리는 것은 어쩌면 오랜 인간의 본능이 발현된 것일지도 모르겠다.

무턱대고 유행을 따르는 것은 이제 그만

모든 사람에게 어필되는 신체적 매력이란 없다. 근육질의 남자를 멋있게 보는 여성도 있겠지만, 통상적으로 근육질의 남자에게 추론되는 성격은 결코 가정적이거나 육아에 협조적인 존재가 아니다.

육아에서의 협조와 좋은 아버지가 될 남자를 찾는다면 보다 부드러운 외모의 남성을 선호할 것이다. 실제로 다수의 사람들은 자신의 파트너가 따뜻한 사람이기를 바란다.[2] 이들은 따뜻한 성격 특성이 느껴지는 사람의 얼굴에 강한 호감을 보이게 된다.

물론 개인들은 각기 자기만의 취향이 있을 것이다. 강철부대 선호 타입, 뇌섹남 선호 타입, 예쁜 남자 선호 타입 등 다양한 선호에 따라 매력적으로 느끼는 얼굴과 신체의 모습도 달라진다. 물론 남자라고 예외는 아니다.

외모를 이용해서 사람의 성격을 추론하는 것은 비과학적인 행위일까? 그렇지는 않을 것이다. 영상이나 사진을 보여주고 해당 인물의 성격을 맞춰보게 하는 심리학 실험에서 피험자들은 상당히 정확하게 사진 속 인물의 성격을 맞춘다는 결과가 보고되었다(물론 모든 속성을 다 정확히 맞춘다는 것은 아니다).[3]

성격 자체가 개인의 생물학적 특성이 사회라는 환경과 상호작용하며 빚어진 것이라는 것을 돌이켜 보면, 외모에서 성격이 드러나는 것이 그렇게 이해 불가능한 현상은 아닐 것이다.

인간은 이성의 얼굴을 통해 자신이 바라는 성격을 가진 사람을 찾는다. 따라서 어떤 매력적인 얼굴의 정답은 존재할 수 없다. 태솔 씨가 고민해야 할 것은 어떤 성향의 남성을 희망하는 여성들에게 자신의 매력을 어필할 것인가이다.

인간 병기 같은 강인한 남성상에 이끌리는 여성은 지금의 태솔 씨 모습에 매력을 느낄까? 아니라면 자상하고 섬세한 남성을 원하는 여성에게는 가능성이 있을까?

어느 것도 확실하지는 않지만 무턱대고 유행을 따라 옷을 입는다든지, 특정 연예인의 행동을 따라 하는 것은 효과적이지 않다.

다른 사람들에게
어떤 모습으로 비쳐질지를 고민하라

진정 매력을 어필하고 싶다면 무엇보다 내 마음에 드는 여성이 어떤 남성상을 원하는지에 관심을 가져야 한다. 그리고 내 성격이 가지고 있는 장점이 무엇인지, 이를 효율적으로 외모와 행동으로 표현할 방법이 무엇인지를 고민해야 하는 것이다.

될 수 없는 외모를 부러워하고 어설프게 최신 유행을 따라해본들 이성에게 긍정적인 반응을 끌어내기는 쉽지 않을 것이다.

무엇이 유행인지를 찾기보다는 이성이 어떤 남성상을 원하는지에 대한 공부가 더 필요하다. 그리고 내가 관심 있는 이성이 어떤 상대방을 원하는지를 아는 것은 더욱 중요하다. 매력에 대한 이론을 한 개인의 연애사에 적용하는 것은 참으로 어려운 일이다.

하지만 다수의 사람들은 성격적으로 자신과 일치하는 부분이 많은 사람을 원한다. 몇 번의 만남을 통해 성격적 공통점이 발견된다면 상대방은 당신을 매력적으로 보기 시작할 것이다.

외모는 어쩌면 그저 수단에 불과하다. 상대방이 내가 원하는 것을 가진 사람이라는 것을 확인한다면 그 사람의 얼굴이 그 사실을 알기 전보다 몇 배나 잘생겨 보일 수 있는 것이 인간이다.

지금 태솔 씨에게 필요한 것은 무리한 성형 수술도 아니고 명품으로 휘감은 패션 왕이 되는 것도 아니다. 그렇다고 어설픈 연애 고수들의 작업 기술을 배우는 것은 재앙적 결과를 가져올 뿐이다.

지금 필요한 것은 자신이 어떤 모습으로 타인들에게 비쳐지는지를 분석 받는 것이다. 자신에게 솔직하게 쓴소리도 해줄 수 있는 사람들에게 자신의 인상에 대한 컨설팅을 받아야 한다. 그리고 부족한 부분이 있다면 자신의 긍정적 속성을 어떻게 드러나게 할지를 연습할 필요도 있다.

자주 웃음을 짓는(썩소가 아닌) 인상은 다양한 긍정적 성격을 유추하게 하기 때문에 매력도를 높이는 데 효과적이다.[4] 정확한 분석과 작은 변화들이 당신의 매력을 향상시킬 수 있다. 당신의 매력을 알아볼 이성이 분명 이 세상에는 존재한다. 이제 그 사람에게 당신의 존재를 알릴 때다.

17.
'나는 사람 보는 눈이 있다'는 거짓말

**자칭 연애 고수들은
어떤 사람들인가**

도솔로 님의 상담일이다. 오늘도 이야기는 헤어진 그녀에 대한 것이다. 너무나 자기밖에 모르던 여자, 밥 한 끼도 자기 돈으로 사는 일 없이 모든 걸 당연하게 얻어먹던 여자, 불치병에 걸린 듯 병약하여 모든 것을 대신해 줘야 했던 여자…….

'이런 게 사람이냐'는 말로 또 50분이 지나갈지 모른다. 그런데 솔로 씨의 연애 실패는 이번만이 아니다. 30대 초반의 많지 않은 나이지만 그의 연애 리스트에 남아 있는 '몹쓸 여자' 리스트만 해도 족히 다섯 명은 된다.

사람들이 하는 호언장담 중에 가장 신뢰성이 떨어지는 말이 '나는 사람 보는 눈이 있다'는 것이다. 특히 이성은 척 보면 다 알아본다는 자칭 고수들을 쉽게 만나보지만 이런 사람들 대부분은 그냥 그럴듯한 이론을 친구에게 전달하는 '연애평론가'인 경우가 대부분이다.

　　하지만 인간은 타인을 알아볼 수 있다는 믿음에 쉽게 빠져든다. 연애는 위험한 선택이다. 위생 상태에 대한 정보가 전무한 타인과 가깝게 지내다 못해 성관계를 하는 경우가 생긴다.

　　심지어 즉석 만남이나 소개팅 같은 수단을 통해서는 상대방이 어떤 사람인지를 파악할 수 있는 정보 수집이 더욱 어렵다. 위험한 성관계를 통해서 성병이나 AIDS, 최근에는 코로나의 감염 위협까지 생긴 지경이다.

　　하지만 지금도 많은 젊은이들은 클럽에서, 해변에서, 해외 관광지에서 운명적이고도 짜릿한 '원 나이트 찬스'를 즐긴다. 대체 무슨 용기일까?

　　심리학 연구들을 살펴보면 다수의 사람들이 성적으로 위험한 파트너를 쉽게 알아볼 수 있다고 믿고 있다는 사실을 확인할 수 있다.[1]

AIDS 발병 고위험 집단인 동성애자들의 경우 역시 상대방의 몇 가지 행동과 모습으로 HIV바이러스_{인간면역결핍바이러스} 보균자를 어느 정도 피할 수 있다고 믿는다.[2]

안전하다고 믿는 속성 중의 하나는 친숙함이다. 평상시 내가 친하게 알고 지내던 사람들에 대해서는 위험을 덜 느끼는 것이다.

많은 조사 결과들은 평상시 안면이 있던 사람들과의 성관계에서 피임기구 등 감염을 막을 수 있는 도구 사용률이 떨어진다는 것을 보여준다. 내가 잘 아는 사람이니 그렇게까지 경계할 필요는 없다는 것이다.

반면에 낯설고 위험해 보이는 사람과의 성관계에서는 자신을 보호할 도구들을 사용하는 경향이 높다. 이로써 정작 안전하다고 생각하는 상대와 위험한 행동을 하는 역설이 발생한다.[3]

매력적일수록
덜 위험하다고 생각한다

우리로 하여금 안전에 대한 판단 실수를 저지르게 하는 또 하나의 중요한 속성이 바로 매력이다. 아름다운 것에서 위험함을 동시에 떠올리지 못하는 것이 인간이다. 아름다운 것이 위험할 수 없다는 고정관념은 펜실베이니아대학 마틴 피시바인Martin Fishbein 교수의 연구를 통해 확인되었다.

그가 이끄는 연구팀은 젊은 성인들에게 연애 대상을 선택할 때 제일 중요하다고 생각하는 주요 요건들을 열거하게 했고, 각 조건의 매력도와 위험도(이 사람과 사귈 때 자신에게 가해질 건강상의 위험)를 평가하게 했다.

평가 결과, 매력도와 위험도는 반비례 관계를 보이는 것으로 나타났다. 인간은 어떤 사람이 매력적이라고 지각할수록 덜 위험하다고 판단한다는 사실이 이 실험을 통해 검증된 것이다. 이런 현상은 외모가 매력적일수록 더 강력하다.[4]

이런 결과를 음미해 보면 사람들이 왜 코로나 확산 방지를 위해 거리두기를 하라고 해도 잘 실천하지 않는지 이해할 수 있다. 사람과 사람 사이의 바이러스 전파를 막기 위해 거리두기가 필요한 건 사실이지만, 내가 잘 알고 있는 사람이나 매력적인 사람이 그런 위험한 바이러스를 가지고 있을 가능성은 그리 높게 판단되지 않는 것이다.

그래서 남들의 모임은 비난해도 나와 친한 친구들이나 외모가 수려한 사람들과의 모임에 대해서는 경계심을 갖기 어려운 것이 인간 마음의 한계이기도 하다.

매력적인 정보의 힘은 초반에 더 큰 힘을 발한다. 실험에서 이성에 대해 매력적인 정보를 제공하다가 후반부에 점점 그의 위험성을 제시한 경우와 이와 반대로 위험한 정보를 먼저 제공하고 나중에 매력적인 정보를 제공한 경우를 비교하면, 매력적인 정보를 먼저 접한 사람들은 뒤에 나오는 위험성에 대한 정보들을 쉽게 무시하는 것이 발견된다.[5] 심리학에서 중요한 인간의 정보 처리 경향성으로 간주하는 초기 정보 우세성 효과가 나타나는 것이다.

솔로 씨는 비극적인 연애운을 타고 태어난 사람이 아니다. 그는 상대방의 외모에 너무 쉽게 마음을 빼앗겨서 상대방이 가지고 있는 다양한 단점과 위험성을 보지 못했을 뿐이다.

인간은 외모가 아름답고 사회적인 자원과 명망을 소유한 사람들에게서 어떤 문제점을 찾아내는 데 익숙하지 않다. 사람을 잘 알아보기 보다는 사람을 내가 보고 싶은 대로 보는 것이 인간이다.

솔로 씨의 불행은 사람을 차분히 다양한 관점에서 알아가지 않고 외모가 매력적인 사람에게 마음을 빼앗기기 때문에 발생

된 것이다.

따라서 조금 더 신중하게 상대방을 알아가고 약간의 거리를 유지하며 상대방을 찾는다면 이런 불행한 연애사는 끝을 낼 수 있을 것이다.

사람을 알아보는 눈이 있다는 오만한 생각을 내려놓고, 쉽지는 않겠지만 차분히 이성적으로 하나하나를 알아가는 현명한 연애를 해나가야 한다. 평생을 함께할 사람을 만나는데 적어도 홈쇼핑에서 물건 값 비교하는 정성 이상은 들여야 하지 않겠는가?

18.
칭찬, 바라지 않고 스스로 하기

살 찌는 게
죽기보다 싫어

'살 빼야 돼!'라는 말을 입에 달고 살기 시작한 지 6개월, 떡볶이와 라면이 주식이었던 아이가 고구마와 닭가슴살을 먹으면서 조금씩 말라가기 시작했다.

어느 날은 평평한 이마가 스트레스라며 필러 시술을 해달라고 부모님께 졸랐다. 단지 야윈 것이 아니라 얼굴마저 어두워지던 고3 여동생은 어느 날 집에 들어와 폭포 같은 눈물을 평평 쏟아냈다.

그 동안 학원에서 경험했던 것들을 풀어내는 말마디 끝마다 붉어지는 눈가와 삼키는 울음이 느껴졌다. 취업도 아니고 대학을 가기 위해, 항공 승무원을 진로로 잡은 고3 아이들이 학원 로비에 모여 모두가 보는 앞에서 체중과 키를 쟀다고 한다.

만천하에 키와 몸무게를 공개하고 나면 선생님은 몇 킬로그램까지 빼야 할지를 알려준다고 했다. 그러면서 모델 사진을 가리키며 저렇게 마르고 예뻐야 대학에 입학한다는 말도 들었다고 한다.

공부를 할 때는 노력만 하면 원하는 성적에 도달할 수 있었는데, 외모로 비교 당하고 나면 방법이 없다는 생각과 타고난 것 때문에 꿈에 다가갈 수 없다는 결론에 불안해졌다고 한다.

학원에서 만난 마르고 예쁜 아이들과 인스타그램 친구가 되면서 한 번도 외모에 불만이 없던 여동생은 자괴감이라는 단어를 알아가기 시작했다.

이 사연은 실제 내 동생에게 일어났던 일이다. 171센티미터의 키와 정상 체중을 가진 청소년에게 53킬로그램 이하로 살을 빼라는 지시를 내리는 그 학원을 당장 그만두라고 말하면서 나는 경악을 금치 못했다.

아이돌 오디션 프로그램 '프로듀스 101'에서도 차마 마음이 아파 보지 못했던 과정들이 나의 아주 가까운 곳에서 일어나고 있었다. 그리고 마냥 밝기만 했던 아이는 우울을 경험했다.

충동에 못 이겨 떡볶이를 먹고 난 뒤 구토하는 것을 생각했다 해도 충분히 이해가 가는 상황이었고, 이것은 거식증, 섭식장애의 시작일 수 있었다.

우리가 외모를 따지는
진짜 이유

매력에 대한 인정은 곧 자아 정체성과 자존감에 영향을 미친다. 특히 청소년 시기에 경험하는 외모에 대한 인정은 우울감과도 높은 연관성을 가지며, 외모로 인한 수치심을 경험하게 되면 사회적 불안감 역시 높아진다.

연구에 따르면, 자신의 외모에 대해 수치심을 경험하는 경우에 단순히 나는 못생겼다, 나는 뚱뚱하다가 아니라 나는 되고 싶은 기준만큼 못 됐다는 비교 발언을 했다. 기준이 내 마음 안에 있는 게 아니라 남의 몸, SNS에 가득한 비현실적인 몸에 있는 것이다.

타인에게 끊임없는 비교와 비난을 들으며 타인의 기준에 맞춰야 하는 다이어트는 성공적일 리가 만무할 뿐 아니라 성공하더라도 긍정적인 경험은 아닐 것이고, 성공한다 해도 성공이 아닌 것이다.

비록 바람직한 외모의 기준이 정해져 있다 해도 인간이 외모를 보는 이유가 결국 '정보 파악'을 위한 도구일 뿐이라는 것을 알았다면, 이제는 무조건적인 외모 편향이 얼마나 위험한지도 늘 상기하고 있어야 할 것이다.

여기부터는 외모에 못생긴 것, 잘생긴 것을 나누는 수적 기준이 없다. 상황에 따라 다르고, 심지어 호르몬에 따라 다르다. 따라서 나의 외모는 실패이고, 저 애는 성공한 것이라는 흑백논리와 예언은 금물이다.

병원에서 섭식장애를 검사하면서 확인하는 것 중 하나는 환자의 손가락과 치아였다. 반복된 구토로 인해 위산과 접촉한 섭식장애 환자의 두세 번째 손가락과 치아는 상처 나고 망가져 있다.

더 깊이 망가진 것은 물론 마음이다. 아이들은 병원에 오는 것, 검사를 받는 것조차 두려워한다. 병원에 오면, 치료를 시작하면서 살이 찔 것이라는 두려움 때문이다.

그들은 살이 찌는 순간 인생이 끝날 것만 같은 불안감에 병원이라면 치를 떨었다. 섭식장애는 겉으로 체중 증가나 감소가 뚜렷하게 보이지 않는 경우도 있지만, 구토를 유발하는 등의 보상 행동으로 체중 감소를 일으키는 거식증의 경우는 심각하게 마른 체형을 가지고 있다.

아이들에게 그 나이라면 누가 봐도 건강한 시절이니 살 오른 너의 모습이 훨씬 매력적이라고 말해도 전혀 설득이 되지 않는다.

극단적으로 마른 몸을 원하는 문화적 문제는 이미 세계적인 현상으로 다뤄지고 있다. 대대적으로 세계 여성의 몸에 대한 인식을 조사한 프로젝트에서는 사회경제적 수준이 높을수록 마른 몸을 선호하는 현상을 보고하기도 했다.Swami, body project l

극단적으로 마른 몸을 환영하는 대표적인 세계는 패션계일 것이다. 루이비통, 알렉산더 맥퀸, 에르메스 등 수많은 패션 브랜드의 런웨이에서 환영을 받았던 톱모델 최소라는 한 예능 프로그램에서 '내 몸은 썩어가고 있는데 뷰티풀을 외치던' 패션 인사들에 대한 경험을 들려주었다.

실제로 프랑스에서는 거식증을 앓고 있던 모델이 28세의 나이로 사망하면서 영양 상태가 기준에 미치지 못하는 경우 쇼에 설 수 없도록 하는 '마른 모델 퇴출법'이 만들어지기도 했다. 하지만 여전히 사회 곳곳에서는 경각심 없이 마른 몸을 찬양하는 분위기가 만들어진다.

외모를 대하는
올바른 자세

꿈을 위해 항공 승무원 학원에 갔던 동생에게 나는 물었다. '그래서 행복해?' 그렇게 해서 몇 킬로그램을 빼고 대학에 가면, 대학에서도 이어질 외모 강박에 대응하며 과연 행복하겠냐고 물었다. 동생은 '먹고 살자는 일인데, 뭐……' 하며 말끝을 흐렸다. 그러면서 동생은 끝내 지금도, 앞으로도 행복하지 않을 것 같다고 답했다.

유튜브에는 살 빼는 비법이나 다이어트가 끝난 후 현재의 체중을 유지하고 더 늘어나지 않도록 관리하는 사람을 뜻하는 '유지어터'의 삶을 담은 콘텐츠로 가득하다. SNS에는 비현실적 몸매를 자랑하는 게시물이 넘쳐난다.

누군가는 그렇게 운동하는 사람을 보며, '나는 정말 게으르다', '이 세상에 나 빼고 모든 사람이, 나보다는 나은 것 같다'고 생각한다.

마른 몸을 비난하라는 게 아니다. 매력의 기준을 부정하라는 것도 아니다. 보편적 외모의 기준, 이상적 외모의 기준은 시간이 지나며 조금씩 달라지더라도 늘 그 자리에 있을 것이다.

선망하는 외모는 늘 존재할 수밖에 없다. 그리고 매력 있는 외모는 많은 이점을 가져다준다. 불편하게 느껴지더라도 어쩔 수 없는 진실인 것이다.

하지만 그렇다고 해서 '모든 외모에서 아름다움을 찾을 수 있다'는 서술을 반박하는 것은 아니다. 이상적인 외모의 기준이 있는 것이 사실인 동시에 이상적인 외모의 기준을 따르지 않더라도 아름다운 것 또한 사실이다.

그런 이유로 나는 미래의 자손에게 정해진 기준에 따라야 한다는 '외모 강박'을 물려주고 싶지는 않다. 내가 만나는 사람은 어떤 신체적 조건 안에서도 아름다움을 찾는 사람이었으면 좋겠다.

그리고 바꿀 수 없는 신체적 조건으로 사람을 칭찬하거나 비난하지 않고, 정성 들인 헤어스타일이나 멋지게 입은 옷에서 예쁨을 찾아 칭찬을 건네는 사람이었으면 한다.

그러니까 우리는 가진 외모에서 불만족감을 키우는 것이 아니라 외모의 기준을 인정하고, 그것이 존재하는 이유에 대해 올바른 이해를 갖는 것이 필요하다.

하루라도 웨이트를 빠지면 매력이 덜해질 것 같아 죽기보다 싫은 마음으로 운동을 하러 가는 게 아니라 운동을 해서 기분이 좋아지는 데 그쳤으면 한다.

그리고 더 나은 몸을 위해 노력한 스스로에게 칭찬을 해줄 수 있었으면 한다. 그저 거울을 보며 '오, 오늘 괜찮은데?' 생각하는 순간을 가능한 많이 만들었으면 한다.

스노우다양한 효과로 영상을 만들어 공유할 수 있도록 만든 스마트폰 앱건 뷰티플러스포토샵 편집 어플건 외모 자존감을 끌어올리는 어플 속의 나를 믿는 것도 괜찮다(괜히 실제의 나를 확인하겠다고 기본 카메라를 켜는 어리석은 짓은 접어두어도 좋다). 그냥 그런 순간들이 모이면 행복하게 살 수 있는 자질이 생긴다. 나라도 나의 어디가 예쁜지 알아야 스스로를 예뻐해 주지 않겠는가.

"'뼈말라 되는 법 알려줌.' 이런 글 보면 자동적으로 클릭하게 돼요. 연예인들 다 개 말랐잖아요. 완전 뼈가 보이도록 마르는 것, 그게 바로 뼈말라거든요. 솔직히 저도 지금 말랐다는 거 알아요. 그래서 옛날엔 제 몸에 만족하면서 산 거 같은데, 그런데 중학교에 갔더니 학교에 마른 애들이 진짜 많은 거예요. 앞자리가 3인 애도 많아요. 걔들은 뼈가 엄청 곧고 피부도 하얘서 어딜 가든 눈에 딱 띄는 애들이에요. 저도 그렇게 되고 싶어 시작한 거고, 다이어트 그만할 생각은 없어요. 선생님도 저 설득하려고 하지 마세요. 저는 상담 받기 싫고요, 살찌는 건 절대 싫어요."

섭식장애를 가진 청소년 환자들은 병원에 좀처럼 오지 않는다. 엄마 손에 이끌려 진료까지는 본다 해도 심리검사 날이 되면 줄행랑을 치고 핸드폰을 꺼놓는 사례가 빈번하다. 병원에 가서 의사를 만나면 살이 찌고 말 것이라는 두려움이 세상 무엇보다 크기 때문이다.

심각한 섭식장애가 아니더라도 마른 몸에 대한 강요는 일상의 곳곳에 숨어 있다.

나의 가족에게도 피부로 느껴지는 몸매 강박이 아주 가까이 있었다. 앞에서 말한 여동생은 항공 승무원이 되겠다는 꿈을 가지고 항공운항과 입학을 위해 학원을 다니기 시작했고, 동생이 처음 받은 미션이 다이어트였던 것처럼 말이다.

19.
매력적이고 싶다면 자존하세요

잘생김마저
연기가 가능하다

배우 유해진은 '잘생겼다'는 기준에 부합하는 배우는 분명 아니다. 방송에서는 종종 외모를 디스 받곤 하는데, 거기에 '어쩌라고?'라고 대응하며 웃어넘기는 유쾌한 반응도 볼 수 있다.

　나는 그가 등장하는 영화라면 묻지도 따지지도 않고 보아왔다. 당연히 재미있을 테니까. 그렇게 믿고 보는 배우인데, 이상하게도 한동안 그가 주연인 영화를 상상해 본 적이 없었다. 주연은 잘생긴 누군가 하겠지, 하고 말이다. 은연중에 가진 편견이었을까?

그런데 이후 개봉한 〈미쓰고〉와 〈럭키〉에서 나는 주연으로 등장한, 충분히 잘생긴 유해진을 목격했다. 그는 '잘생김'마저도 연기할 수 있었던 것일까?

생각해 보면 그가 연기해 온 코믹한 캐릭터, 애드립으로 쏟아낸 재치 있는 대사들은 모두 그의 연기 실력에서 나온 것이었다. 천만 영화에 자기 역할을 톡톡히 해내는 프로페셔널한 사람이라면 잘생김을 연기하는 것쯤 문제가 되지 않을 것이다.

게다가 예능에서 캐릭터를 벗어던진 인간 유해진의 진솔한 모습은 매력적이기 그지없었다. 그의 이런 모습에 많은 시청자들이 인간 유해진에게 매력을 느끼기 시작했고, 각종 커뮤니티에서 그의 매력에 대한 이야기가 오갔다. 배우 유해진을 매력적으로 느끼기 시작한 순간부터 그의 '잘생김'을 보기 시작한 것이다.

편안한 웃음 뒤에 진지한 마음과 배려심이 느껴지면서 대충 찍힌 사진 한 장도 멋지게 보이는 수준에 이르렀다. 그는 한 인터뷰에서 '30대까지만 해도 외모 콤플렉스가 있었는데, 요즘 문득 괜찮다는 생각이 든다'고 말했다. 거기에 '이게 돈의 힘인가?'라며 잊지 않고 애드립을 더하는 그의 모습을 보면 누구나 이해할 것이다. 그가 왜 매력적일 수밖에 없는지.

이준익 감독은 배우 유해진을 떠올리면 밀레의 그림 '이삭 줍는 사람들'이 떠오른다고 했다. 해가 뜨면 어김없이 밭일 나가는 농부처럼 주어진 일을 근면성실하게 해내는 배우라는 뜻이다.

그런 유해진의 성실함은 그의 인간적이고 편안한 성격적 매력은 물론이거니와 일에서 보이는 전문성, 누구보다 많은 일을 성실히 해내는 책임감까지 이어져 있다. 사실 이쯤 되면 잘생김은 연기하는 것이 아니라 그저 묻어 나오는 것이다.

성격의 5요인과 6요인 중 정직성과 외향성이 외모를 이기는 성격이라고 언급했던 것처럼 그의 진솔한 모습과 유머러스한 모습은 그를 잘생기도록 만들었다.

사실 좋은 연기를 선보이며 정상의 자리에 있는 많은 배우들 가운데 미의 기준에 해당하지 않아도 충분히 '잘생김'을 연기하는 이들은 많다('잘생김'이라는 언급이 남성에게만 해당되지는 않는다는 점을 유의해 주시길!).

주로 '전형적 미인은 아니지만'으로 수식되는, 그런데 충분히 잘생긴 이들을 떠올려 보라. 그들은 잘생김을 '연기'하고 있다. 잘생김을 연기한다는 것은 거짓이라는 말이 아니다. 잘생김, 즉 매력이 무엇인지 이해하고 자신의 매력을 표현하고 있다는 것이다.

매력적이고 싶다면
자존하세요

사람들이 매력적이고 싶은 이유는 무엇일까? 소속 집단의 배척과 멸시를 피하고 싶은 불안에서 매력에 대한 욕망이 태어난다는 사실은 다시 말해서 소속된 집단에 안정적인 사회적 지위를 얻기 위해 매력을 좇는다는 의미이다. 그러므로 매력의 목적은 '함께 하고 싶은 사람'이 되는 것이다. 매력적인 사람들은 친해지고 싶고, 곁에 두고 싶은 열망을 불러일으킨다.

그렇다면 나의 매력을 잘 연기하기 위해서는 내가 어떤 사람을 곁에 두고 싶어 하는지 생각해 보면 쉽다. 당신은 어떤 사람을 옆에 두고 싶은가? 그 사람은 어떤 말을 하고, 어떻게 행동하는가? 내가 생각하는 매력적인 사람처럼 행동하고 말해본다면, 어떤 변화가 일어날까?

어떤 이들은 매력적인 사람을 따라해 보라고 하면 반감을 느낀다. 그것은 자존감이 낮은 사람들이 하는 행동이라고 말하기도 한다. 언젠가부터 사람들은 자존감을 마법의 단어처럼 오만 곳에 사용하기 시작했다. 그리고 자존감이 높은 사람은 매력적이라고 평가하기 시작했다.

인기 많은 유튜버의 댓글에는 '자존감이 높아서 부러워요!'라는 댓글이 심심치 않게 보이고, '나는 자존감이 낮아서 그래. 저 사람은 자존감이 높아서 부럽다. 자존감을 높이는 비법은?' 같은 서술과 질문이 도배된다.

하지만 많은 사람들이 자존감이라는 말을 제대로 정의하지 않은 채 마구잡이로 사용하고 있다. 자존감으로 번역된 'self-esteem'이라는 개념을 처음 사용한 사람은 미국의 의사이자 철학자인 윌리엄 제임스William James였다.

그는 자신의 저서에서 인간이 어떤 성과를 이룰만하다고 믿는 마음의 상태를 'self-esteem'으로 표현했고, 이를 동양권에서 번역하는 과정에서 '자존감'이라는 단어가 탄생했다.

하지만 막상 우리나라에서 사용되는 이 마법의 단어는 변화무쌍하게 적용된다. 따라서 상담을 할 때, '자존감이 낮아서……'라는 말을 어떤 의미로 사용하는지 풀어 설명해달라고 요청하면 여러 갈래의 답변이 나오곤 한다.

무슨 일을 할 때 자신감이 없다거나 조금만 실패해도 자책을 한다거나 다른 사람을 부러워하며 따라 한다거나 내 결정에 대해 확신이 없다거나 하는 등등. 그렇게 우리가 사용하는 자존감은 불안, 우울, 화와 같은 감정이 뒤섞인 다양한 상황들을 자기 자신에게 귀인하는, 그게 다 '내가 못나서 그래'라고 결론 내리는 도구로 사용되고 있다.

그렇다면, 사람들이 생각하는 자존감 높은 사람, 즉 매력적인 사람은 어떤 사람일까? 포털 사이트에 '자존감 높은 연예인'이라고 검색하면 가장 많이 언급되는 인물이 가수 이효리이다. 사람들이 그를 자존감이 높다고 평가하는 이유를 종합해 보면 그의 '솔직함'으로 카테고리가 좁혀진다.

두려움도, 약점도, 잘난 체하는 모습도 여과 없이 드러내는 태도가 자존감 높은 모습으로 비춰지는 것이다. '잊혀질까 봐 두려웠다', '친구들이 날 싫어할 것 같았다'는 솔직한 감정 표현, 겸손이 미덕인 사회에서 '내가 이효리인데' 하는 자신감의 표현같이 이렇게 약점이 될 만한 뭔가를 애써 숨기지 않고 드러내는 사람들을 우리는 자존감이 높다고 평가한다.

그러면서 '저 사람은 자존감이 높으니 자기 약점을 인정할 수 있고, 나는 자존감이 낮아서 못한다'고 이야기한다. 이것이 아주 답답한 대목이다.

'스스로 자自, 있을 존尊'이라는 한자를 사용하는 자존이라는 단어를 풀어보자면 스스로를 존중하는 태도를 가리킨다. 스스로의 존재를 높이는 것은 태도이고 행동이지 내가 무엇을 하지 못하게 가로막는 원인이 될 수는 없는 것이다. 결국 자존감이란 자존하면 생기는 마음이며, 자존하면 매력적으로 보일 뿐이다.

내 마음이 나를 대단치 않게 생각해서 도저히 자존할 수 없다면 어떻게 될까? 머리와 마음이 따로 놀아도 좋다. 자존하는 것은 꼭 마음이 시켜서 할 필요는 없으니 말이다. 배가 고프지 않아도 삼시 세끼 챙겨먹고 운동을 해야 근육이 붙는 것처럼 자존은 하다 보면 마음에 붙는 것이다.

그러니 하루에 한 번이라도 자존해 보았으면 한다. 다른 사람이 나를 높여주기 전에 내가 먼저 나를 존중해 주었으면 한다. 나를 조금 더 애틋하게 여기며 내가 쏟은 노력을 인정하고 조금 더 너그럽게 나를 보며 사람들 앞에서 부끄러운 나를 내보였으면 한다. 그 약점의 틈새로 당신의 매력이 새어나올 테니까 말이다.

잘생긴 외모는
자존감을 불러올까?

자존감과 외모의 관계에 대해 조금 더 들어가 보자. 잘생기고 예쁘면 사랑받고 자라서 자존감이 높을 수밖에 없다는 말에 동의하는가? 결론부터 말하자면 둘 사이에 상관관계는 없다.[1] 오히려 외모는 자존적인 행동을 해칠 수도 있다는 연구 결과가 있다.

매력적인 사람들이 일관되게 어린 시절부터 호의적 대우를 받는 것은 사실이지만, 그것은 외모에 한정되어 오히려 그런 호의적 대우가 능력에 대해서는 의심을 만들어 내는 것으로 보인다.

한 연구에서 잘생긴 외모를 가진 미인들에게 에세이를 쓰도록 요청했다. 그들이 에세이를 쓰는 동안 반대편이 보이지 않는 반투명 거울의 뒤편에 자신의 모습을 보는 평가자가 있다는 사실을 알려주었다.

같은 실험을 평범한 외모의 사람들에게도 똑같이 시행했다. 그리고 두 그룹 모두 자신이 작성한 에세이에 좋은 평가를 똑같이 받았다. 사실 거울 뒤편에 평가자는 존재하지 않았고, 미리 작성해 둔 긍정적인 내용의 평가지를 받아보았을 뿐이다.

그리고 자신의 에세이가 좋은 평가를 받은 것이 정말 자기의 능력 덕분인지 물었다. 결과는 평범한 외모의 집단은 그것이 자신의 능력이라고 귀인한 반면, 미인은 자신의 능력에 대한 긍정적 평가를 의심했다. 능력 때문이 아닐 수 있다고 생각한 것이다.

또한 당시 자존감 상태를 측정하는 질문지를 작성한 결과, 미인들의 자존 상태가 더 낮은 것을 발견할 수 있었다. 이런 결과가 어떤 면에서는 만족스러울 수도 있다. '아, 미인들이 세상을 다 가진 것은 아니구나.' 그렇게 생각할 수 있기 때문이다.

그런데 쾌재를 부르는 것에서 끝날 것이 아니라 생각을 더 해봐야 한다. 결국 자존하는 태도와 행동은 외모가 가져다주는 것이 아니다. 외모와 상관없이 자존하는 사람이 매력적인 것이다.

그렇다면 우리가 앞으로 해야 할 일은 무엇일까? '나는 자존감이 낮아' 하고 결론 내린 채 매력적인 이들을 부러워하는 것일까? 아니면 1일 1자존을 실천하며 매력적으로 행동하는 것일까?

20.
진짜 매력적인 남자의 비밀

가장 중요한 조건은
따로 있다

우리 환자분의 매력 있는 인간에 대한 열망은 줄어들 기미를 보이지 않는다. 먼저 스스로를 사랑하는 사람이 되어 보자고 권해보지만, 그저 허공에 메아리칠 뿐이다. 한동안 롤렉스 시계 구입에 매진하시더니 누군가에게 새로운 조언을 들은 모양이다. 여자들은 시계 좋은 걸 알아보지 못한다는 것이다. 뭐 그다지 틀린 이야기는 아니다.

문제는 그의 관심이 비싼 외제차로 넘어간 것이다. 요즘은 물질만능 사회라 무슨 차 정도는 있어야 이성들이 관심을 가진다

더라 하는……. 듣다 보면 절로 잠이 온다. 환자의 말에 저항이 생기는 이른바 역전이逆轉移가 발생한 탓이다. 다시 그를 바른 궤도로 인도해야 한다. 정신 차리자.

나도 한때 자동차에 몰두한 적이 있었다. 적어도 멋진 외제차를 타고 다니면 이성들의 관심을 받는 데 어느 정도 도움이 되지 않을까 하는 생각을 한 적도 있다.

하지만 이런 어리석은 생각들은 여성들이 주류를 이루는 심리학과 학부와 대학원 교육과정을 거치며 산산이 부서졌다. 그녀들의 솔직한 이야기와 살아가는 모습을 지켜볼 수 있었던 덕분이다.

여기서 한 가지 짚고 넘어갈 게 있다. 단지 하룻밤을 넘기지 못할 유흥업소에서의 관심 끌기나 큰 영양가 없이 주위 여성들에게 인기를 얻는 데 있어서 물질의 힘이 소용없다는 뜻은 전혀 아니다. 문제는 우리가 인기를 얻고 싶은 이유가 아주 장시간 동안 좋은 관계를 유지할, 어쩌면 평생을 함께할 동반자에게 호감을 얻고 싶어서라는 것이다.

그런 중요한 결정을 할 때 남자가 롤렉스 시계를 차고 있다거나 벤츠를 몰고 있다는 것은 최우선 고려 조건이 아니다. 오히려 어울리지 않는 과잉 명품 치장으로 이성들의 웃음거리가 되고 있는 남자들이 얼마나 많은지에 주목할 필요가 있다.

외모가 인간의 초기 매력을 결정하는 데 가장 중요한 요인이라면 상대방과 오랜 관계를 끌어갈 것인가를 결정하는 데 가장 중요한 요인은 역시 그 사람의 '사람 됨됨이'이다.

성격이 같은 것은
매력의 요인이 아니다

보통 인간은 자신과의 유사성이 있는 존재에게 호감을 보인다. 여기서 성격이 맞아야 한다는 용어는 사용하지 않겠다. 성격이라는 용어를 사용하는 순간 많은 사람들은 MBTI 유형 같은 걸 떠올릴 것이기 때문이다.

많은 젊은이들이 자기의 프로필을 소개하면서 자기 MBTI 유형을 제시하곤 한다. 결론부터 말하자면 MBTI가 성격을 제대로 측정할 수 있는지(이에 대해서는 대중들의 기대와 달리 많은 심리학자들이 부정적 태도를 가지고 있다) 여부와 무관하게 성격이 일치한다는 것과 매력 유발과는 큰 관련이 없다.

나만 해도 그다지 사교적인 성격이 아닌지라 낯선 사람들과의 만남이 불편하고, 무엇을 쉽게 신뢰하기보다는 먼저 따져 보길 좋아한다. 무엇을 있는 그대로 즐기기보다는 공부를 통해 이성적으로 납득하려 하고, 심지어 이를 남에게 설명까지 하려 한다.

그야말로 선비질에다 투 머치 토커까지 겸비하고 있는데 같은 성향의 여성을 만난다는 건 생각만 해도 끔찍하다. 나는 우리 와이프가 이런 성향이 아니란 것에 너무나 감사한다. 성격이 같다는 것은 매력의 요인이 되기 힘들다.

심리학자들이 주목하는 것은 그 사람의 애착 정도이다. 부모님과의 관계에서부터 형성된 타인에 대한, 그리고 외부 세상에 대한 태도를 애착이라 볼 수 있다.

이성 친구가 잠시만 자기 사정권에서 벗어나도 불안해하고 상대방의 일거수일투족을 확인하려는 사람이 있다. 이런 사람들은 안정적인 애착이 형성되지 못한 것이다. 그런 사람은 언제든 타인이 자신을 떠날 수 있고, 자신은 그렇게 버려진 상황을 참을 수 없을 것이라는 생각에 상대방을 구속한다.

이런 사람을 좋아할 이성은 거의 없다고 봐도 무방하다. 많은 심리학 연구들은 안정적인 애착을 이룬 사람이 이성들에게 높

은 인기를 얻는다는 것을 증명하고 있다. Chappell & Davis, 1998

안정적 애착을 이룬 사람은 사랑하는 사람과 함께 있을 때 행복하고 최선을 다하지만 그 사람이 잠시 나의 곁을 떠나 있을 때도 동요되지 않는다. 그러기는커녕 오히려 상대의 개인적 삶을 존중하고 자기의 일에 집중할 수 있는 사람이다. 이런 사람이라면 이성도 마음을 놓고 상대방에게 의지하고 장기적인 관계를 기대하게 된다.

물론 모든 사람이 안정적 애착을 이룰 수는 없고, 한두 번의 만남에서 확연히 드러나지도 않는다. 그래서 많은 사람들이 잘못된 상대와의 관계에서 오랜 어려움을 겪는 것이다.

그래도 조심해야 할 점들은 있다. 처음 만난 이성 앞에서 자신은 이성 친구가 생기면 모든 것을 공유하고, 늘 함께 지내고, 잠시도 떨어지고 싶지 않다는 식의 공약은 삼가기 바란다. 그것은 당신이 불안정한 애착을 형성한 사람이라는 이미지를 강력하게 형성하는 실착이 될 것이다.

부모님이나 가족에 대한 지나친 험담과 불편함을 말하는 것도 금기사항이다. 가족과의 좋은 기억이 있다면 간단히 그런 내용들을 언급하는 게 도움이 될 수 있다. 살아오면서 기억에 남는 도전들을 일부 소개하는 것도 도움이 된다.

이런 정보들은 당신이 안정적인 애착을 형성하고 세상을 향해 끊임없는 교류와 소통을 지속했다는 것을 어필시킬 것이다. 이는 또한 새로운 이성과의 모험도 슬기롭게 풀어나갈 수 있다는 증거가 될 것이다.

하지만 한 가지 명심해야 할 부분이 있다. 성격이 같을 필요는 없지만 몇 가지 세상에 대한 신념이나 태도는 일치하지 않을 경우 큰 마이너스 요인이 된다.

정치적 신념이 정반대이거나 여성의 권리나 사회참여에 대해 섣불리 자신의 의견을 주장하는 것은 돌이킬 수 없는 비호감 요인이 된다.

진보적인 여성이 보수 꼴통인 남성에게 매력을 느낄 리 없고 여성의 성적 자기결정권에 대해 다른 의견을 가지고 있는 것이 절대 매력 요인이 될 리 없다. 이래서 초기 만남에서는 섣부른 자기 노출보다는 상대방에 대한 섬세한 질문이 필요한 것이다.

상대방의 이야기를 들으면서 세상에 대한 신념과 태도에서 나와 일치하는 부분이 있으면 최대한 어필하는 것이 도움이 될 것이다. 맞지 않는 부분은 서로가 서로를 좀 더 포용할 수 있게 될 때 알아가도 늦지 않다.

안타까운 일이지만 지금으로서는 외로운 싸움을 하고 있는 우리 환자분을 위해 그분의 억울한 마음을 들어드리고 응원하는 일밖에는 딱히 할 수 있는 일이 없을 것 같다. 외모보다 능력을 보는 사회가 합리적인 사회이다. 그러나 인간은 그리 합리적이지 못하다.

정말 매력 있는 남자는
어떤 사람일까?

최노잼 씨는 유머 감각에 대한 강박관념으로 이성과의 만남이 불편하다. 남자는 이성과의 만남에서 대화를 주도하고 웃겨야만 호감을 살 수 있다는 부담감 때문에 늘 최신 유머와 연애 프로그램을 입시 공부를 하듯이 보고 또 본다.

하지만 처음 만난 여성 앞에서 대화가 막히면 흔히 쓰는 비장의 무기는 자학 개그뿐이다. 충분히 예상 가능하듯 이러한 시도의 결과는 늘 불행하다. 잘생기지도, 돈이 많지도 않은 자기가 대체 무슨 방법으로 이성의 마음을 얻겠냐며 괴로워하는 노잼 씨는 매력적인 남자가 될 수 있을까?

많은 남성들이 이성과의 만남에서 대화를 주도해야 한다는 부담감을 갖는 것 같다. 막힘없는 '아는 척'을 위해 메모도 하고 책도 찾아본다.

폭넓은 자신의 지식과 교양을 어필하는 동시에 은근히 자신의 현재 사회적 위상까지 과시할 수 있다면 연애는 백전백승일 것이라 생각하는 것이다. 하지만 심리학자의 눈으로 볼 때 이는 크게 잘못된 생각이다.

심리학의 주류는 인간의 마음과 행동을 움직이는 원리가 '보상'에 있다고 본다.[1] 나에게 이득이 되는 것에 마음이 가고, 내가 얻을 게 없는 상황에는 관심을 갖지 않거나 피하려고 한다.

나에게 보상이 되는 대상을 접하면 절로 긍정적인 감정이 생기지만, 나에게 손해를 끼치는 대상을 만나면 즉시 부정적 감정이 유발된다.[2]

누군가 장황하게 자신의 지식을 일방적으로 자랑하는 상황은 어떤 경우일까? 대표적인 경우로 수업, 교회의 설교, 회식자리에서 상사의 일장연설 같은 것이 떠오른다. 대학에서 교편을 잡고 있는 입장이기에 이런 상황은 매우 익숙하다. 나의 발언과 설명이 길어질수록 대부분의 학생들은 눈의 초점을 잃어간다.

학생들이 관심을 보이는 순간은 시험에 출제될 가능성이 있다는 언급이 나오는 순간뿐이다.

학부에서 배우는 것들을 당장 써먹을 일이 있지도 않은 상황에서 학생들에게 보상이 되는 것은 바로 높은 학점을 받을 수 있는 정보이기 때문이다. 인간은 오직 스스로에게 이득이 될 때만 움직인다.

처음 만난 상대방이 온갖 주위들은 유머와 상식을 늘어놓는다면 여성이 이것을 자신에게 보상이 된다고 느낄 리 만무하다. 오직 상사 한 사람만이 신나게 떠들어 대는 회식자리에서 보상을 받는 것은 상사 단 한 사람뿐이다.

처음 만난 남성 앞에서 관심도 없는 이야기를 경청하고 거짓 미소까지 보여야 한다면, 그것은 하나의 노동이자 고문이다. 노 잼 씨가 생각하는 매력적인 대화는 그 전제부터가 틀린 것이다.

그렇다면 이성은 어떤 대화 상대를 선호할까? 심리학 연구들에 따르면 대화 주도 능력과 공감적 경청 능력을 함께 보유한 사람들이 높은 호감도 평가를 받는 것으로 나타난다.[3]

자신 있게 할 말은 하되, 상대방을 존중하며 그의 이야기를 잘 끌어내는 올라운드 플레이어가 매력적인 대화 상대라는 것이다. 유창한 입과 활짝 열린 귀를 동시에 가진 사람이라면 생각만 해도 마음이 두근거리는 존재이다.

경청의 힘에
주목하라

물론 한 사람이 두 가지 능력을 고루 갖고 있고, 심지어 그 능력을 적재적소에 발휘한다는 것은 쉬운 일이 아니다. 만일 둘 중의 하나를 골라야 한다면, 당연히 더 중요한 것은 경청의 자세다. 상대방에게 관심을 갖고 집중하고 공감하며 적절한 반응까지 보이는 능력은 그 어떤 표현력보다도 상대방의 호감을 이끌어 내는 데 효과적이다.

경청의 힘은 상대방에게 계속 말을 이끌어 낼 수 있다는 것이다. 말을 하는 것은 그 자체로 치료적 기능이 있다. 심리 치료에서 가장 중요한 역할이 들어주는 것이다. 환자분이 최대한 자신의 이야기를 숨김없이 말하도록 돕는 것 자체가 한 사람을 치유하는 힘이 있는 것이다. 물론 듣는 역할을 하는 치료자는 그만큼의 심리적 노동을 하게 된다. 내가 말을 많이 할수록 상대방은 노동을 하게 되는 것이다.

경청의 또 다른 힘은 상대방의 존재를 높여주는 기능을 한다는 것이다. 내가 내 자랑을 지속한다는 것은 결국 상대방보다 자신이 대단한 사람임을 강요하려는 시도로 보일 수 있다.

하지만 상대방의 직업, 하고 있는 공부, 관심사 등을 질문하고 그에 대해 진정한 관심을 표현할 수 있다고 가정해 보자. 처음 만난 이성은 자신의 생각을 경청하며 감탄하는 상대방을 보며 자신의 인생이 가치 있다는 피드백을 받을 수 있다.

인간은 누구보다 타인의 인정에 목마른 존재이다. 내 이야기에 귀를 기울여 주는 존재는 내 자존감의 비타민 같은 존재가 될 것이다.

누군가와의 첫 만남을 마치고 돌아가면서 뭔가 막힌 속이 후련해지고, 스스로의 자신감이 높아진다고 느낀다면 그 사람은 이 만남의 시간을 통해 무엇과도 바꿀 수 없는 보상을 받은 것이다. 인간은 보상을 주는 존재에 호감을 느낀다. 이성에게 호감을 유발하는 대화의 비밀은 여기에 있다.

노잼 씨에게 필요한 것은 말을 잘하는 능력이 아니다. 진솔한 자기 이야기가 아니라면 어떤 이야기도 외워서 상대방에게 전할 필요가 없다. 남의 이야기를 듣는 것이 얼마나 큰 고역인지

<u>스스로의 직장생활을 돌아보며 깨달아야 한다.</u>

뭔가 과시하겠다는 욕심을 버리고, 맞은편에 나타난 신비한 존재에 대해 진정한 관심을 가져야 한다. 내가 모르는 인생을 수십 년 동안 살아온 상대방이다. 내가 관심을 가진다면 상대방에게 궁금할 내용은 무궁무진하게 나올 것이다. 그 질문만 잘하고 잘 들을 수 있다면 당신은 곧 매력적인 사람이라는 평가를 들을 수 있을 것이다.

처음 출판 제의를 받았을 때만 해도 자신이 있었다. 책 한 권은 쉽게 채울 정도로 할 말이 많았기 때문이다. 하지만 문헌과 사례를 검토하면서 그 생각이 얼마나 오만한 것인지를 확인하게 되었다. 환자들 한 분 한 분의 사연은 내가 함부로 세상에 내보일 수 있는 것들이 아니다. 그래서 최대한 문제의 본질을 잘 살리면서도 누군가의 사적 생활이 노출되지 않도록 각색하는 데 많은 시간이 걸렸다.

그렇게 마무리한 지금은 그저 아쉬움만이 가득하다. 하지만 이것은 작은 출발이기에 다음 기회에는 좀 더 잘하리라는 희망을 품고 부족한 책을 세상에 내어놓는다. 이 책이 나오기까지 원고를 한 줄 한 줄 읽으며 수많은 오타와 문장 교정에 헌신해 준 아내 이영민 씨에게 감사하다는 말을 전하고 싶다. 부족한 아들의 책이 잘 진열되어 있는지를 확인하기 위해 부지런히 집과 서점을 오가시는 내 책의 최고 애독자 아버님과 어머님께도 감사의 인사를 전한다.

누군가는 임상심리학과 매력이 무슨 관련이 있느냐고 묻는
다. 나도 그렇게 생각한 적이 있었다. 하지만 매력의 중요성을
나에게 알려준 것은 환자들이었다. 환자들과의 심리 치료 경험
이 늘어갈수록 내가 직면하게 된 혼란은 환자들이 자신의 증상
과는 관련이 없는 엉뚱한 이야기들을 늘어놓는 데 시간을 쓰고
있다는 점이었다.

연애 문제, 결혼 문제, 소속 집단에서의 인기에 대한 고민들
과 같이 정신과적 문제와는 별 관련이 없어 보이는 문제들에 집
착하는 환자들을 보면서 어느 순간 깨닫게 되었다. 환자들에게
진짜로 중요한 것은 증상이 사라진 인생이라기보다는 타인에게
사랑받으며 사는 삶이란 것을.

어쩌면 우리는 모두가 조금씩 마음의 문제를 가지고 살고 있
다. 하지만 우리가 충분히 타인들의 관심과 사랑을 받을 수 있
는 존재라면 그 문제는 우리의 행복한 삶에 큰 장애물이 아닐지
도 모른다.

이 책은 타인의 건강한 관심과 사랑을 받고자 하는 모든 이들
을 위해 준비되었다. 매력은 외모를 통해서만 나오는 게 아니고

개인의 내면과 사회적 조건 등이 복잡하게 작용하는 것이라는 사실이 제대로 전달되었기를 바란다. 무엇보다 매력은 언제든 상승되기도, 하락하기도 하는 가변적인 것이라는 사실에 독자들이 주목했으면 한다. 꾸준히 자신의 매력을 모니터링하고 가꾸는 사람들에게 응원의 박수를 보낸다.

최 승 원

1장 매력도 유전이 되나요?

1. 진짜 문제는 외모가 아니다

1   Wolf, N. (1992) The Beauty Myth: How Images of Beauty Are Used Against Women, Anchor.

2   Thornhill, R., & Gangestad, S. W. (1999). Facial attractiveness. Trends in cognitive sciences, 3(12), 452–460.

3   Symons, D. (1979) The Evolution of Human Sexuality, Oxford University Press.

4   Grammer, K. and Thornhill, R. (1994) Human (Homo sapiens) facial attractiveness and sexual selection: the role of symmetry and averageness Journal of Comparative Psychology, 108, 233–242.

5   Mealey, L., Bridgstock, R. and Townsend, G. C. (1999) Symmetry and perceived facial attractiveness: a monozygotic co-twin comparison Journal of Personality and Soccial Psychology. 76, 157–165.

6   Rhodes, G. et al. (1998) Facial symmetry and the perception of beauty. Psychonomic Bulletin & Review, 5, 659–669.

7   Kowner, R. (1996) Facial asymmetry and attractiveness judgment in developmental perspective. Journal of Experimental Psychology: Human Perception and Performance, 22, 662–675.

2. 여자는 남자의 무엇에 끌릴까?

1   Zahavi, A. and Zahavi, A. (1997) The Handicap Principle: A Missing Piece of Darwin's Puzzle, Oxford University Press.

2   Thornhill, R., & Gangestad, S. W. (1999). Facial attractiveness. Trends in cognitive sciences, 3(12), 452–460.

3   Rohwer, S. and Rohwer, F.C. (1978) Status signalling in Harris sparrows: experimental deceptions achieved. Animal. Behavior. 26, 1012–1022.

3. 예쁘다는 기준의 모호함

1   Turner, R. G., Gilliland, L., & Klein, H. M. (1981). Self–consciousness, evaluation of physical characteristics, and physical attractiveness. Journal of Research in Personality, 15(2), 182–190.

2   Ingram, R. E. (1990). Self–focused attention in clinical disorders: review and a conceptual model. Psychological bulletin, 107(2), 156.

4. 범죄자 같은 얼굴은 따로 있을까?

1   Leventhal, G., & Krate, R. (1977). Physical attractiveness and severity of sentencing. Psychological Reports, 40(1), 315–318.

2   Desantts, A., & Kayson, W. A. (1997). Defendants' characteristics of attractiveness, race, and sex and sentencing decisions. Psychological reports, 81(2), 679–683.

3   Wilson, R. K., & Eckel, C. C. (2006). Judging a book by its cover:

Beauty and expectations in the trust game. Political Research Quarterly, 59(2), 189–202.

4   Zhao, N., Zhou, M., Shi, Y., & Zhang, J. (2015). Face attractiveness in building trust: evidence from measurement of implicit and explicit responses. Social Behavior and Personality: an international journal, 43(5), 855–866.

5   Anton, S. D., Perri, M. G., & Riley III, J. R. (2000). Discrepancy between actual and ideal body images: Impact on eating and exercise behaviors. Eating behaviors, 1(2), 153–160.; Fitzgibbon, M. L., Blackman, L. R., & Avellone, M. E. (2000). The relationship between body image discrepancy and body mass index across ethnic groups. Obesity research, 8(8), 582–589.

6   Cash, T.F. (2008). The Body Image Workbook: An 8–Step Program for Learning to Like Your Looks (2nd ed.). Oakland, CA: New Harbinger Publications.

7   Cash, T. F., & Labarge, A. S. (1996). Development of the Appearance Schemas Inventory: A new cognitive body–image assessment. Cognitive therapy and Research, 20(1), 37–50. ; Cash, T. F., Melnyk, S. E., & Hrabosky, J. I. (2004). The assessment of body image investment: An extensive revision of the Appearance Schemas Inventory. International Journal of eating disorders, 35(3), 305–316.

5. 예쁜 얼굴로 태어나면 인생이 쉬워질까?

1   Paxton, S. J., Neumark–Sztainer, D., Hannan, P. J., & Eisenberg, M. E. (2006). Body dissatisfaction prospectively predicts depressive mood and low self–esteem in adolescent girls and boys. Journal of clinical child and adolescent psychology, 35(4), 539–549.

2   Holsen, I., Kraft, P., & Røysamb, E. (2001). The relationship between body image and depressed mood in adolescence: A 5-year longitudinal panel study. Journal of health psychology, 6(6), 613-627.

3   Frith, H., & Gleeson, K.(2004). Clothing and embodiment: Men managing body image and appearance. Psychology of men & masculinity, 5(1), 40.

4   Cash, T.(2008) The body image workbook : An eight-step program for learning to like your looks. New Harbinger Publications.

5   Ehlinger, P. P., & Blashill, A. J.(2016) Self-perceived vs. actual physical attractiveness: Associations with depression as a function of sexual orientation. Journal of affective disorders, 189, 70-76.

6   박기성, & 이인재. (2010). 한국 노동시장에서의 신장 프리미엄. 노동경제논집, 33(3), 129-149.

7   Riggio, R. E., & Woll, S. B. (1984). The role of nonverbal cues and physical attractiveness in the selection of dating partners. Journal of Social and Personal Relationships, 1(3), 347-357.

8   Walster, E., Aronson, V., Abrahams, D., & Rottman, L. (1966). Importance of physical attractiveness in dating behavior. Journal of personality and social psychology, 4(5), 508.

9   Bernardin, H. J., & Smith, P. C. (1981). A clarification of some issues regarding the development and use of behaviorally anchored ratings scales (BARS). Journal of Applied Psychology, 66(4), 458.

6. 최고 학력보다 더 멋진 배우자의 조건

1   Buss, D. (1989). Sex differences in human mate preferences: Evolutionary hypothesez tested in 37 cultures. Behavior and Brain Sciences, 12, I-49.

2   Buss, D. (1988). The evolution of human intrasexual competition: Tactics of mate attraction. Journal of Personality and Social Psychology, 54, 616-628.

3   Cashdan, E. (1993). Attracting mates: Effects of paternal investment on mate attraction strategies. Ethology and Sociobiology, 14(1), 1-23.

7. 성격이 중요하지만 얼굴을 먼저 본다

1   Rennels, J. L., & Verba, S. A. (2017). Attentional and affective biases for attractive females emerge early in development. Behavioral and Brain Sciences, 40.

2   Perrett, D. I., Burt, D. M., Penton-Voak, I. S., Lee, K. J., Rowland, D. A., & Edwards, R. (1999). Symmetry and human facial attractiveness. Evolution and human behavior, 20(5), 295-307.

3   Buss, D. M., & Barnes, M. (1986). Preferences in human mate selection. Journal of personality and social psychology, 50(3), 559.

4   Borkenau, P., & Liebler, A. (1992). Trait inferences: Sources of validity at zero acquaintance. Journal of personality and social psychology, 62(4), 645.

5   McArthur, L. Z., & Apatow, K. (1984). Impressions of baby-faced adults. Social Cognition, 2(4), 315-342.

8. 우리가 매력을 경쟁하는 진짜 이유

1   McClintock, E. A. (2014). Beauty and status : The illusion of exchange in partner selection?. American Sociological Review, 79(4), 575–604.

2   Gilbert, P. (2001). Evolution and social anxiety: The role of attraction, social competition, and social hierarchies. Psychiatric Clinics, 24(4), 723–751.

9. 자신이 너무 매력이 없다고 믿는 당신에게

1   Cunningham, M. R. (1986). Measuring the physical in physical attractiveness: Quasi–experiments on the sociobiology of female facial beauty. Journal of Personality and Social Psychology, 50, 925–935.

2   Feingold, A. (1992). Gender differences in mate selection preferences: A test of the parental investment model. Psychological Bulletin, 112, 125–139.

3   Rosenblatt, P. C. (1974). Cross–cultural perspectives on attraction. In T. L. Huston (Ed.), Foundations of interpersonal attraction (pp. 79–99). New York: Academic Press.

4   Garcia, S., Stinson, L., Ickes, W, Bissonnette, V, & Briggs, S. (1991). Shyness and physical attractiveness in mixed–sex dyads. Journal of Personality and Social Psychology, 61, 35–49.

10. 괜찮은 남자들은 다 채갔다는 게 사실인가?

1   Rhee, S. C., & Lee, S. H. (2010). Attractive composite faces of different races. Aesthetic plastic surgery, 34(6), 800.

2   https://www.byrdie.com/body–standards–survey.

3 https://www.theaestheticguide.com/aesthetic-guide/cosmetic-surgery-trends-2021-and-beyond.

4 Penton-Voak, I. S., & Perrett, D. I. (2000). Female preference for male faces changes cyclically: Further evidence. Evolution and Human Behavior, 21(1), 39–48.

5 Penton-Voak, I. S., Perrett, D. I., Castles, D. L., Kobayashi, T., Burt, D. M., Murray, L. K., & Minamisawa, R. (1999). Menstrual cycle alters face preference. Nature, 399(6738), 741–742.

6 Little, A. C., Jones, B. C., Burt, D. M., & Perrett, D. I. (2007). Preferences for symmetry in faces change across the menstrual cycle. Biological psychology, 76(3), 209–216.

7 Little, A. C., & Mannion, H. (2006). Viewing attractive or unattractive same-sex individuals changes self-rated attractiveness and face preferences in women. Animal Behaviour, 72(5), 981–987.

8 Perrett, D., Penton-Voak, I. S., Little, A. C., Tiddeman, B. P., Burt, D. M., Schmidt, N., ... & Barrett, L. (2002). Facial attractiveness judgements reflect learning of parental age characteristics. Proceedings of the Royal Society of London. Series B: Biological Sciences, 269(1494), 873–880.

9 Dugatkin, L. A., & Godin, J. G. J. (1992). Reversal of female mate choice by copying in the guppy (Poecilia reticulata). Proceedings of the Royal Society of London. Series B: Biological Sciences, 249(1325), 179–184.

10 Uller, T., & Johansson, L. C. (2003). Human mate choice and the wedding ring effect. Human Nature, 14(3), 267–276.

11 Eva, K. W., & Wood, T. J. (2006). Are all the taken men good? An

indirect examination of mate-choice copying in humans. Cmaj, 175(12), 1573-1574.

3장 나는 매력적인 사람일까?

11. 근육 빵빵 남자가 진짜 보여줘야 하는 것

1 Thornhill, R., & Gangestad, S. W. (1999). Facial attractiveness. Trends in cognitive sciences, 3(12), 452-460.

2 Thornhill, R., & Palmer, C. T. (2001). A natural history of rape: Biological bases of sexual coercion. MIT press.

3 Thornhill, R., & Gangestad, S. W. (1999). Facial attractiveness. Trends in cognitive sciences, 3(12), 452-460.

4 Nordell, S.E. and Valone, T.J. (1998) Mate choice copying as public information Ecology Letters. 1, 74-76.

5 Thornhill, R., & Gangestad, S. W. (1999). Facial attractiveness. Trends in cognitive sciences, 3(12), 452-460.

12. 그 남자는 그런 여자를 왜 만나는 것일까?

1 Irons. W. (1979). Cultural and biological success. In Evolutionary Biology and Human Social Behavior: An anthropological perspective. N. A. Chagnon and W. Irons (Eds.). N. Scituate. MA: Duxbury. pp. 257-372.

2 Cashdan, E. (1993). Attracting Mates: Effects of Paternal Investment on Mate Attraction Strategies. Ethology and Sociobiology, 14, 1-24.

3 Smith. C.C. and Fretwell, S.D. (1974). The optimal balance between the size and number of offspring. American Naturalist 108, 499-506.

13. 데이트가 시작되면 판은 뒤집힌다

1   Locher, P., Unger, R., Sociedade, P., & Wahl, J. (1993). At first glance: Accessibility of the physical attractiveness stereotype. Sex Roles, 28(11), 729–743.

2   Walster, E., Aronson, V., Abrahams, D., & Rottman, L. (1966). Importance of physical attractiveness in dating behavior. Journal of personality and social psychology, 4(5), 508.

3   Mathes, E. W. (1975). The effects of physical attractiveness and anxiety on heterosexual attraction over a series of five encounters. Journal of Marriage and the Family, 769–773.

4   Gross, A. E., & Crofton, C. (1977). What is good is beautiful. Sociometry, 85–90.

5   Swami, V., Furnham, A., Chamorro-Premuzic, T., Akbar, K., Gordon, N., Harris, T., ... & Tovée, M. J. (2010). More than just skin deep? Personality information influences men's ratings of the attractiveness of women's body sizes. The Journal of Social Psychology, 150(6), 628–647.

6   Ashton, M. C., & Lee, K. (2008). The HEXACO model of personality structure and the importance of the H factor. Social and Personality Psychology Compass, 2(5), 1952–1962.

7   임혜진 & 최승원. (2017). 성격 특성 지각이 신체적 매력 지각에 미치는 영향: 정직성과 외향성을 중심으로. 한국심리학회지 : 인지 및 생물, 29(4), 423–445.

14. 성형이 자존감을 끌어올릴 수 있을까?

1   Cash, S., & Brown T. A. (1987) Body image in anorexia nervosa and bulimia nervosa: A review of the literature, Behavior Modification,

11, 487−521.

2   Courtenay, W. H. (2003) Key determinant of the health and well-
    being of men and boys, International Journal of Men's Health, 2(1),
    1−30.

3   Coca N. (2006). Low esteem and plastic surgery, Today's World, 9
    Jan.

4   Păduraru, M. C., & Răşcanu, R. (2013). Body Scheme and Self-
    Esteem of Plastic Surgery Patients. Procedia−Social and Behavioral
    Sciences, 78, 355−359.

15. 중년이 넘으면 매력이 사라지는 것일까?

1   Tovee, M. J., Reinhardt, S., Emery, J. L., Cornelissen, P. L. (1998).
    Optimum body−mass index and maximum sexual attractiveness.
    Lancet, 352, 548.

2   Wade, T. J., Fuller, L., Bresnan, J., Schaefer, S., Mlynarski, L.
    (2007). Weight halo effects: Individual differences in personality
    evaluations and perceived life success of men as a function of
    weight? Personality and Indivudal Difference, 42(2), 317−324.

3   Little A (2014) Facial Attractiveness, Wiley Interdisciplinary
    Reviews: Cognitive Science, 5 (6), pp. 621−634.

4장 매력을 만들 수 있을까?

16. 이 세상 어딘가에 있을 그 사람을 위해

1   Buss, D. M. (1989). Sex differences in human mate preferences:
    Evolutionary hypotheses tested in 37 cultures. Behavioral and
    Brain Sciences, 12, 1−49.

2 Botwin, M. D, Buss, D. M, & Shackelford, T. K. (1997). Personality and mate preferences: Five factors in mate selection and marital satisfaction. Journal of Personality, 65(1), 107–136.

3 Borkenau, P, & Liebler, A.(1992). Trait inferences: Sources of validity at zero acquaintance. Journal of Personality and Soccial Psychology, 62(4), 645–657.

4 Lafrance, M, & Hecht, M. A. (1995). Why Smiles Generate Leniency. Personality and Social Psychology Bulletin. 21(3), 207–214.

17. '나는 사람 보는 눈이 있다'는 거짓말

1 Keller, M. L. (1993). Why don't young adults protect themselves against sexual transmission of HIV? Possible answers to a complex question. AIDS Education and Prevention, 5, 220 – 233.

2 Gold, R. S., Skinner, M. J., Grants, P. J., & Plummer, D. C. (1991). Situational factors and thought processes associated with unprotected intercourse in gay men. Psychology and Health, 5, 259 – 278.

3 Gebhardt, W., Kuyper, L., & Greunsven, G. (2003). Need for intimacy in relationships and motives for sex as determinants of adolescent condom use.

4 Fishbein, M., Hennessy, M., Yzer, M., & Curtis, B. (2004). Romance and risk: Romantic attraction and health risks in the process of relationship formation. Psychology, Health and Medicine, 9, 273 – 285.

5 attraction and health risks in the process of relationship formation. Psychology, Health and Medicine, 9, 273 – 285.

19. 매력적이고 싶다면 자존하세요

1   Major, B., Carrington, P. I., & Carnevale, P. J. (1984). Physical
    attrac-tiveness and self-esteem: Attributions for praise from an
    other-sex evaluator. Personality and Social Psychology Bulletin,
    10(1), 43–50.

20. 진짜 매력적인 남자의 비밀

1   Berscheid, E., & Walster, E. H. (1978). Interpersonal attraction.
    Reading, MA: Addison-Wesley.

2   Mehrabian, A. (1981). Silent messages: Implicit communication of
    emotions and attitudes (2nd ed.).Belmont, CA: Wadsworth.

3   Cosentino, F., & Heilburn, A. B. (1964). Anxiety correlates of sex-
    role identity in college students.Psychological Reports, 14, 729–
    730.

나는 왜 너에게 반했을까?

초판 1쇄 인쇄일	2021년 12월 20일
초판 1쇄 발행일	2021년 12월 27일

지은이	최승원 임혜진
발행인	이지연
주간	이미숙
책임편집	이정원
책임디자인	이경진
	권지은
책임마케팅	이운섭
경영지원	이지연

발행처	㈜홍익출판미디어그룹
출판등록번호	제 2020-000332 호
출판등록	2020년 12월 07일
주소	서울시 마포구 독막로18길 12, 2층(상수동)
대표전화	02-323-0421
팩스	02-337-0569
메일	editor@hongikbooks.com

제작처	갑우문화사

ISBN	979-11-9142-063-0 (03180)